TOP **10**
OPORTO

AF276687

CONTENIDOS

OPORTO

DESCUBRIENDO

El barrio de Ribeira de Oporto

BIENVENIDO A
OPORTO

Eclipsada durante mucho tiempo por la siempre popular Lisboa, la amable Oporto ofrece todo lo que se puede desear: lugares de interés histórico, ambiente relajado y una oferta gastronómica excepcional. No te pierdas nada. Disfruta de lo mejor de la ciudad con la ayuda de la guía Top 10 Oporto.

En 1996, la Unesco declaró el casco histórico de Oporto Patrimonio de la Humanidad. No es de extrañar, esta ciudad centenaria ha dado nombre al país, ha despedido a navegantes y ha sido testigo de rebeliones contra la dictadura. Tan solo hay que pasear por las calles adoquinadas del barrio de Ribeira para encontrarse con vestigios de este importante pasado: la Praça da Ribeira, bordeada de casas tradicionales, y la Sé do Porto, uno de los monumentos más antiguos de la ciudad, son solo dos de los más relevantes. Pero la ciudad guarda en su interior otros tesoros

Lo antiguo y lo moderno se unen en Oporto

históricos, desde el Palácio da Bolsa, reflejo de la opulencia de la era de los descubridores, a las bodegas de vino de Oporto, que se encuentran en Vila Nova de Gaia.

Pero Oporto no es solo una reliquia histórica; junto a las iglesias y monumentos se alzan maravillas modernas como la Casa da Música, un ingenioso auditorio que cautiva la vista y el oído. El complejo modernista de Serralves es una institución cultural que cuenta con una delicada villa rosa, vibrantes jardines y un fascinante museo de arte moderno. Para ver ambas caras de Oporto, la antigua y la nueva, la Torre dos Clérigos ofrece las mejores vistas de la ciudad, especialmente al atardecer.

A esto hay que sumar la comida y la bebida. Por supuesto, hay que hablar del oporto; se puede disfrutar en un cóctel en las Galerias de Paris, por ejemplo, o directamente del barril en una bodega *vintage*. Oporto es además un centro gastronómico, con restaurantes de primera categoría, mercados *gourmet* y acogedoras tabernas.

Esta guía Top 10 reúne lo mejor que Oporto puede ofrecer, con sencillas listas con las 10 mejores opciones, consejos de expertos y mapas y planos detallados, que hacen del viaje una experiencia extraordinaria.

HISTORIA DE
OPORTO

A lo largo de los siglos, Oporto ha experimentado una serie de cambios que convirtieron un pequeño puerto ribereño en una ciudad vibrante y cosmopolita. Impulsada por su espíritu independiente, Oporto ha derribado gobiernos, ha inspirado movimientos creativos y se ha convertido en fuente de artistas, escritores y chefs. He aquí su historia.

El nacimiento de Oporto

Aunque hay vestigios de ocupación humana en la región desde tiempos prehistóricos, los orígenes de la ciudad propiamente dicha comenzaron en la cima de Morro da Sé, donde hoy se alza la catedral, y pronto se extendieron por la ribera del río. En el siglo II d. C. y gracias a su situación privilegiada entre el mar y el río, la ciudad se convirtió en un importante puerto romano. Conocida entonces como Portus Cale, poco a poco pasó a ser el centro de distribución de mercancías del Imperio y dio nombre al país: Portugal. Durante un breve periodo Oporto fue objetivo de la expansión del califato Omeya por la península Ibérica, hasta que fue recuperada por el rey de Asturias. A principios del siglo XII, lo que era el condado de Portugal, un área que se fue expandiendo desde Oporto, se convirtió en el reino de Portugal bajo el rey Alfonso I.

Crecimiento y segregación

En los siglos siguientes, Oporto siguió creciendo a oleadas y se trazó su primera calle urbana, la Rua Formosa (actual Rua do Infante Dom Henrique), para albergar a los nobles y comerciantes más ricos. Al mismo tiempo se levantaron nuevas murallas para proteger residencias y comercios de

Grabado de Oporto a finales del siglo XIX

Retrato del rey Alfonso IV de Portugal, apodado el Victorioso

posibles ataques. Las obras comenzaron bajo el reinado de Alfonso V (1291-1357) y se terminaron hacia 1374, durante el reinado de Fernando I (1345-1383). De ahí que se las conozca como Muralhas Fernandinas, cuyos restos aún pueden verse hoy en día. Aunque era una muralla teóricamente accesible, con abundantes puntos de entrada, algunas comunidades como la judía portuguesa se vieron perseguidas y restringidas a zonas extramuros.

Expansión marítima y gobierno español

En el siglo XV Portugal puso sus miras en ultramar. Las primeras expediciones fueron dirigidas por el Infante Dom Henrique el Navegante, que nació en Oporto, donde también se construyeron los barcos. Se dice que fue entonces cuando empezó a utilizarse el apodo de *tripeiros* para referirse a los habitantes de Oporto (la carne buena se reservaba a los marineros y a la población le quedaban los despojos). Cuando Portugal comenzaba a expandirse, una crisis sucesoria permitió que el rey Felipe II de España reclamara el trono e inició varias décadas de gobierno español.

Hitos históricos

136 a. C.
Los romanos se establecen en Portus Cale tras conquistar este puerto ribereño a los celtas lusitanos.

1400
La ciudad se expande y erige nuevas murallas medievales, dejando fuera a la comunidad judía.

1500
Liderados por el Infante Dom Henrique, los exploradores portugueses inician sus expediciones marítimas y descubrimientos.

1580-1640
España se anexiona Portugal y gobierna la Unión Ibérica durante 60 años, hasta que la guerra de la Restauración devuelve la independencia a Portugal.

1703
Firma del Tratado del Vino de Oporto entre portugueses y británicos, que impulsa su popularidad internacional.

1809
Oporto repele a los franceses en la batalla del Duero y pone fin a la segunda invasión francesa de Portugal.

1891
El 31 de enero, la población de Oporto se rebela contra el régimen en un primer intento de derrocar a la monarquía.

1996
El barrio histórico de Ribeira es declarado Patrimonio de la Humanidad.

2022
Oporto es nombrada mejor destino urbano del mundo en los World Travel Awards.

2024
Inauguración del Time Out Market; Oporto es destino gastronómico de moda.

Invasión de Oporto por las tropas francesas, siglo XIX

Barroco y Tratado del Vino de Oporto

Tras la guerra de la Restauración, Oporto siguió creciendo hasta convertirse en un próspero puerto comercial, con el establecimiento de gentes de todo el mundo. De Italia llegó el arquitecto Nicolau Nasoni, que aportó a la ciudad un toque barroco con edificios como la emblemática Torre dos Clérigos. Pero fueron los británicos quienes causaron mayor impacto, al establecer aquí sus casas comerciales para gestionar el comercio del vino de Oporto. En 1703, Inglaterra y Portugal firmaron el Tratado del Vino de Oporto, que limitaba los aranceles sobre la importación de vino portugués a cambio de la exportación libre de impuestos de telas inglesas a Portugal, impulsando el comercio del vino de Oporto.

Lucha por la libertad

Los problemas llegarían cerca de un siglo después. En 1809 las tropas napoleónicas invadieron Oporto bajo el mando del mariscal Soult. Miles de personas huyeron de la ciudad, pero muchas se ahogaron cuando el Ponte das Barcas, un puente de pontones sobre el río Duero, se derrumbó dejando 4.000 muertos. Con la ayuda británica, Oporto fue liberada dos meses más tarde, pero los conflictos continuaron, esta vez a causa de la rivalidad fraternal entre el rey Dom Pedro IV (liberal) y su hermano menor Dom Miguel (absolutista). Tras una guerra civil sangrienta de 13 meses, que provocó graves daños a la ciudad, los liberales se declararon vencedores en agosto de 1833. Esta victoria le valió a Oporto el apodo de la Invicta. Desde entonces, la ciudad ha conservado ese espíritu rebelde, desempeñando un papel clave en los planes para derrocar a la monarquía y más tarde luchando por la democracia contra el gobierno dictatorial de Portugal.

Tanque en la calle durante la Revolución de los Claveles

Oporto hoy

El espíritu independiente de la ciudad culminó con su participación en la Revolución de los Claveles de 1974, que acabó con el régimen del Estado Novo que había gobernado el país desde los años 1930. Portugal inició su transición hacia la democracia y Oporto comenzó a volcarse en sí misma, abrazando ideales modernos al tiempo que trabajaba para renovar su centro histórico, que fue declarado Patrimonio de la Humanidad en 1996. Actualmente es una ciudad progresista con una próspera comunidad creativa, con artistas ocupando las galerías en torno a la rua de Miguel Bombarda, músicos callejeros actuando junto al río y obras arquitectónicas tan vanguardistas como la Casa da Música. Su escena gastronómica también está en auge, con tascas tradicionales, restaurantes con estrella Michelin y mercados gastronómicos. Hoy, Oporto cuenta con una industria turística en expansión, que compite con la capital lisboeta en cuanto a número de visitantes.

La Casa da Música, ejemplo de la arquitectura vanguardista de Oporto

TOP 10
EXPERIENCIAS

Esta guía ayuda a organizar el viaje perfecto tanto para los que visitan Oporto por primera vez como para los que repiten. Para aprovechar el tiempo al máximo y disfrutar de lo mejor que esta encantadora ciudad puede ofrecer, no hay que olvidar añadir estas experiencias a la visita.

1 Explorar el barrio de Ribeira
Declarado Patrimonio de la Humanidad, el casco antiguo de Oporto transporta al medievo con sus callejuelas adoquinadas dominadas por la Sé (*p. 22*). Este barrio, que se extiende desde la catedral hasta la orilla del río, bulle de vida con sus paseos en barco, música y cenas al aire libre.

2 Probar el oporto
La visita a Oporto no sería completa sin probar su famoso vino homónimo, que se añeja al otro lado del Duero, en Vila Nova de Gaia. Se pueden visitar las bodegas (*p. 97*) y probar el vino directamente desde la barrica o elegir una versión moderna en uno de los muchos bares de Oporto.

3 Descubrir su arquitectura
La arquitectura de Oporto refleja siglos de desarrollo y cambios. Esta es una ciudad que honra su pasado pero que no teme la innovación, con obras maestras del barroco como la Torre dos Clérigos (*p. 28*) mezclándose con joyas vanguardistas como la Casa da Música (*p. 32*).

4 Preciosos azulejos
Los azulejos blancos y azules típicos de Oporto se encuentran por todos los rincones de la ciudad, incluyendo casas residenciales, iglesias y la llamativa estación ferroviaria de São Bento (*p. 42*). Los que quieran pintar su propio azulejo pueden probar suerte en Gazete Azulejos (*p. 56*).

5 Comerse una *francesinha*
Este contundente sándwich de carne (una variante del *croque-monsieur*) se puede encontrar en locales gastronómicos por todo Oporto. No hay más que hacer cola en una de las tascas típicas de la ciudad en busca de la mejor *francesinha (p. 60)*.

6 Pasar tiempo al aire libre
En una ciudad tan bonita como Oporto, vale la pena pasar tiempo al aire libre, ya sea recorriendo el paseo marítimo en bicicleta, practicando surf en la costa o relajándose en el Parque da Cidade *(p. 101)*, el mayor parque urbano del país.

7 Disfrutar del arte
Sede del primer museo público del país, el Museu Nacional Soares do Reis *(p. 40)*, Oporto está repleta de espacios creativos, como las galerías independientes de la Rua de Miguel Bombarda *(p. 83)* y sorprendentes museos contemporáneos, como el Serralves *(p. 36)*.

8 Salir por la noche
Los parques y jardines de la ciudad, como el Jardim do Morro *(p. 93)*, se convierten en lugares de reunión para disfrutar de la puesta de sol con una copa en la mano. La fiesta sigue en los bares y discotecas de Galerias de Paris, el animado barrio nocturno.

9 Unirse a la Festa de São João
En la noche de São João *(p. 66)*, el 23 de junio, las calles se llenan de barbacoas, lámparas de papel y fuegos artificiales de medianoche, mientras los portuenses pegan a los transeúntes con un martillo de plástico en la que es la fiesta mayor de Oporto.

10 Una escapada a la costa
Vale la pena subirse al metro o al tranvía para ir a las localidades costeras de Foz do Douro *(p. 100)* y Matosinhos, donde relajarse en la playa y disfrutar de un pescado fresco a la brasa o unas típicas sardinas, o simplemente darse un paseo por la costa.

ITINERARIOS

Pasear a orillas del Duero, beber vino de Oporto, admirar la decoración de los azulejos y disfrutar de una amplia oferta para comer, beber o simplemente contemplar el atardecer es lo que ofrecen estos itinerarios de 2 y 4 días que ayudan a aprovechar al máximo la visita a Oporto.

2 DÍAS

Día 1

Mañana
Inicia la visita contemplando las vistas desde la terraza de la catedral de Oporto, la **Sé** *(p. 22)*, antes de entrar para admirar los azulejos que adornan la Sala Capitular y el claustro gótico. Baja por las callejuelas serpenteantes para llegar al neoclásico **Palácio da Bolsa** *(p. 24)*, que puedes recorrer en visita guiada (cada 30 minutos). A la vuelta de la esquina, la **Igreja de São Francisco** *(p. 26)*, una de las iglesias góticas más bellas de Portugal, está cubierta de

BEBER
7g Roaster *(roaster.7groaster.pt)* es un tostador de café del centro de Vila Nova de Gaia donde llenarse de energía con un *expresso* recién hecho, tomar un apetitoso *brunch* o comer algo rápido.

tallas de madera doradas. Para disfrutar de un almuerzo tradicional, continúa hasta **A Grade** *(Rua de São Nicolau 9)*, en **Cais da Ribeira,** y luego da un paseo junto al río.

Tarde
Al otro lado del **Ponte Dom Luís I** *(p. 30)* se encuentran las **bodegas** de Vila Nova de Gaia *(p. 97)* en las que degustar el famoso oporto. Después, sube hasta el **Jardim do Morro** y únete a la multitud para brindar por la puesta de sol. Para cenar, puedes ir a **DeCastro** *(p. 99)* o regalarte una cena en **The Yeatman,** con dos estrellas Michelin. Para prolongar la velada, regresa a la otra orilla del Duero y acude a uno de los numerosos bares de la **Galerias de Paris,** el animado barrio nocturno de Oporto.

Día 2

Mañana
Si te gustan los azulejos disfrutarás en la **Estação de São Bento** *(p. 42)*, que alberga en su vestíbulo unos 20.000 espectaculares ejemplos.

La impresionante fachada de la Sé do Porto

Tras tomar unas cuantas fotos, estira las piernas subiendo hasta la **Igreja y Torre dos Clérigos** *(p. 28)*. El resto de la mañana los puedes dedicar al arte que alberga el antiguo palacio del **Museu Nacional Soares do Reis** *(p. 40)*. Unas casas más arriba, **Borboleta** *(Rua de Dom Manuel II, 346)* tiene un acogedor patio perfecto para comer.

Tarde
Cruzando la calle, los románticos senderos de los **Jardins do Palácio de Cristal** *(p. 34)* son perfectos para disfrutar de un paseo tranquilo, sin perder de vista a los pavos reales. Vuelve al bullicio del centro y visita la librería modernista **Livraria Lello** *(p. 75)*. Para terminar el segundo día, cena en la **Taberna Folias de Baco** *(tabernafoliasdebaco.com)*, degustando unos *petiscos (p. 61)* con una copa de vino natural.

Los senderos arbolados de los Jardins do Palácio de Cristal

TRANSPORTE
Para no tener que subir a pie, la línea de tranvía panorámico 22 lleva desde cerca de la Estação de São Bento hasta la Igreja y Torre dos Clérigos.

Borboleta

Jardins do Palácio de Cristal

Museu Nacional Soares dos Reis

Galerias de Paris

Livraria Lello

BAIXA

2 Estação de São Bento

Igreja y Torre dos Clérigos

Taberna Folias de Baco

1 Sé do Porto

Palácio da Bolsa

Igreja de São Francisco

A Grade

RIBEIRA

Cais da Ribeira

Ponte Dom Luís I

Duero

DeCastro

Jardim do Morro

VILA NOVA DE GAIA

Bodegas

The Yeatman

metros   300

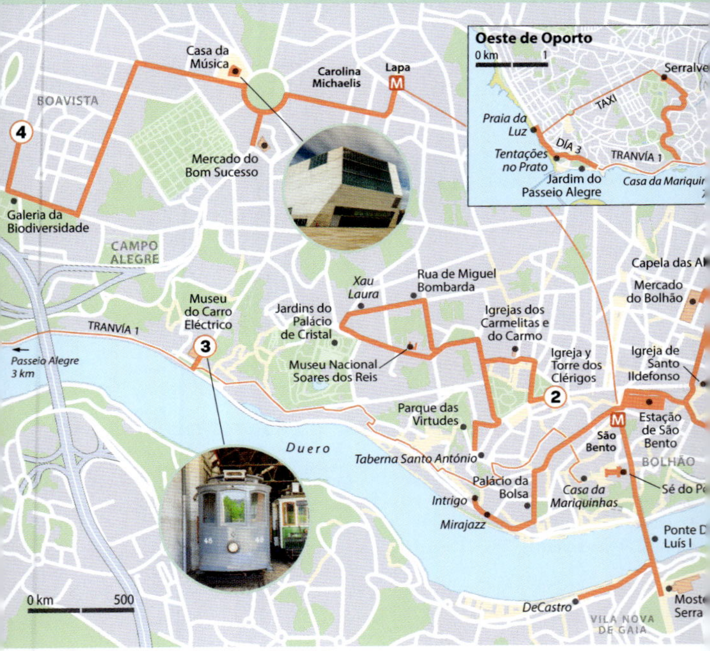

Casa da Música

Carolina Michaelis

Lapa **M**

BOAVISTA

4

Oeste de Oporto

0 km 1

Praia da Luz

TAXI

Serralve

Mercado do Bom Sucesso

DÍA 3

TRANVÍA 1

Tentações no Prato

Jardim do Pásseio Alegre

Casa da Mariquin

Galeria da Biodiversidade

CAMPO ALEGRE

Rua de Miguel Bombarda

Capela das Al

Mercado do Bolhão

Museu do Carro Eléctrico

Xau Laura

Jardins do Palácio de Cristal

Igrejas dos Carmelitas e do Carmo

TRANVÍA 1

3

Museu Nacional Soares dos Reis

Igreja y Torre dos Clérigos

Igreja de Santo Ildefonso

Passeio Alegre 3 km

Parque das Virtudes

2

Estação de São Bento

São Bento

M

BOLHÃO

Duero

Taberna Santo António

Palácio da Bolsa

Casa da Mariquinhas

Sé do Po

Intrigo

Mirajazz

Ponte D Luís I

0 km 500

DeCastro

VILA NOVA DE GAIA

Moste Serra

4 DÍAS

Día 1

Dedica el día a los azulejos, comenzando por la fachada de la **Capela das Almas** (p. 47) para luego caminar hasta el tradicional **Mercado do Bolhão** (p. 75) y echar un vistazo a los puestos de alimentación. La cercana Rua de Santa Catarina está repleta de lugares interesantes para detenerse como el **Majestic Café** (p. 76) y la **Igreja de Santo Ildefonso** (p. 72). Tras una comida en Gazela (p. 77), sigue contemplando azulejos en la **Estação de São Bento** (p. 42), que

Clientes disfrutando en el encantador Majestic Café

recorren la historia de Portugal en grandes murales. Hacia el oeste se encuentra el **Palácio da Bolsa** (p. 24), con visitas guiadas cada 30 minutos (los que llegan primero pueden elegir el idioma). Disfruta de una cena en **Intrigo** (p. 85) antes de acabar la noche asistiendo en **Mirajazz** (p. 84) a un concierto en directo.

COMER
La Gelataria Portuense (p. 76), cerca del Mercado do Bolhão, ofrece helados caseros. ¿Qué sabor elegir? Se puede pedir un surtido de degustación o probar varios a la vez.

Día 2

Inicia el día disfrutando de las vistas de la ciudad desde la **Torre dos Clérigos** (p. 28) para luego entrar en la iglesia contigua y admirar su interior dorado. Subiendo por la Rua do Carmo hay otras dos interesantes iglesias: la **Igreja dos Carmelitas** y la **Igreja do Carmo** (p. 80). La siguiente parada es el **Museo Nacional Soares dos Reis** (p. 40), el primer museo de arte público de Portugal, con numerosas obras impresionantes. Tras un almuerzo en **Xau Laura** (*Rua de Miguel Bombarda, 589*), pasea por los cercanos **Jardins do Palácio de Cristal** (p. 34). Por la tarde puedes disfrutar de la creatividad de la ciudad en la **Rua de Miguel Bombarda** (p. 83), que está repleta de galerías y tiendas de arte. Al llegar la noche, disfruta de la puesta de sol en el **Parque das Virtudes** (p. 82) antes de apuntarte a una deliciosa cena local en **Taberna Santo António** (p. 85).

Día 3

Aunque ahora solo hay unos pocos tranvías serpenteando por Oporto, antaño fueron un importante medio de transporte. El **Museo do Carro Eléctrico** (p. 79), con una colección de tranvías antiguos del siglo XIX, transporta a ese pasado. El tranvía número 1 recorre una ruta panorámica a lo largo de la costa hacia **Passeio Alegre** (p. 101), con la playa a un corto paseo. Almuerza en **Tentações no Prato** (p. 105), disfruta de un cóctel junto al mar en **Praia da Luz** y luego toma un taxi o un autobús hasta **Serralves** (p. 36), donde pasar la tarde en sus jardines y museo de arte contemporáneo. Regresa a la ciudad para cenar y disfruta de una sesión de fado en **Casa da Mariquinhas** (p. 77).

Día 4

Tras pasar la mañana deambulando por las calles que rodean el barrio de Boavista, visita la **Galeria da Biodiversidade**, dentro del jardín botánico (p. 51), y luego dirígete a la **Casa da Música** (p. 32) para apuntarte a una visita guiada de esta icónica sala de conciertos de formas vanguardistas. Desde aquí puedes llegar fácilmente al **Mercado Bom Sucesso** (p. 88) y comer tranquilamente en uno de sus puestos. Tras ir en metro hasta Bolhão, un paseo de 10 minutos te lleva a la **Sé do Porto** (p. 22), una catedral gótica en el centro de Oporto que reúne 2.000 años de historia y está declarada Patrimonio de la Humanidad. Cruzando el **Ponte Dom Luís I** (p. 30) puedes disfrutar de las vistas de Oporto desde el **Mosteiro da Serra do Pilar** antes de acercarte a la orilla y tomarte un oporto en una de sus bodegas (p. 97), para terminar con una cena de **DeCastro** (p. 99).

Una de las calles de Vila Nova de Gaia

TOP 10 OPORTO

Cais da Ribeira al atardecer

LO ESENCIAL DE
OPORTO

Oporto cuenta con algunos lugares que no debes perderte. Descubre en las páginas siguientes por qué cada uno de ellos es una visita obligada.

RUA DO BREINER

VILAR

RUA DOM PEDRO V

RUA DO ROSÁRIO

CARREGAL

7

RUA DE DOM MANUEL II

9

MASSARELOS

RUA DA RESTAURAÇÃO

MIRAGAIA

LAR
DA
TAIF

RUA NOVA DE ALFÂNDEGA

Duero

1 Sé do Porto

2 Palácio da Bolsa

3 Igreja de São Francisco

4 Igreja y Torre dos Clérigos

5 Cais da Ribeira

6 Casa da Música

7 Jardins de Palácio de Cristal

8 Serralves

9 Museu Nacional Soares dos Reis

10 Estação de São Bento

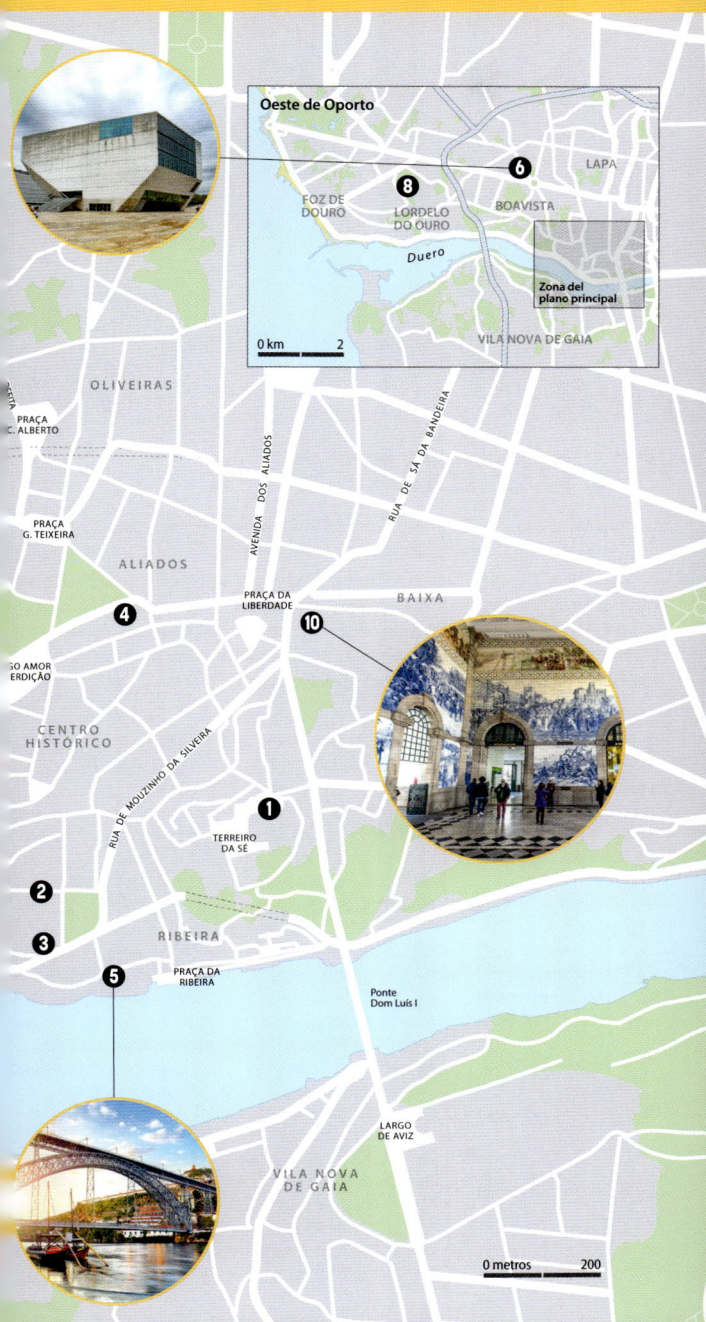

Oeste de Oporto

6

LAPA

FOZ DE DOURO

8

LORDELO DO OURO

BOAVISTA

Duero

Zona del plano principal

VILA NOVA DE GAIA

0 km   2

OLIVEIRAS

PRAÇA C. ALBERTO

AVENIDA DOS ALIADOS

RUA DE SÁ DA BANDEIRA

PRAÇA G. TEIXEIRA

ALIADOS

PRAÇA DA LIBERDADE

BAIXA

4

10

SO AMOR ERDIÇÃO

CENTRO HISTÓRICO

RUA DE MOUZINHO DA SILVEIRA

1

TERREIRO DA SÉ

2

3

RIBEIRA

5

PRAÇA DA RIBEIRA

Ponte Dom Luís I

LARGO DE AVIZ

VILA NOVA DE GAIA

0 metros   200

SÉ DO PORTO

📍 F4 🏛 Terreiro da Sé 🕐 Abr-oct: 9.00-18.30 diario; nov-mar: 9.00-17.30 diario
🚫 Pascua de Resurrección, 25 dic 🌐 diocese-porto.pt ♿

El casco histórico de Oporto está dominado por uno de los monumentos más antiguos de la ciudad, la magnífica Sé. Construida por el primer rey de Portugal, la catedral sigue siendo la sede (*sé*) obispal de Oporto. Desde su posición elevada sobre una colina, la Sé ofrece algunas de las mejores vistas de la ciudad y sus alrededores.

1 Nave central
La gran altura de la Sé resulta más evidente desde el interior de esta estrecha nave románica, cubierta por una magnífica bóveda de cañón. Sus sobrios muros añaden dramatismo al conjunto.

2 Altar mayor
En el altar mayor de la catedral se celebraron la

Plano de la Sé do Porto

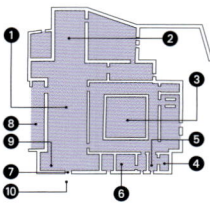

gran boda real de Dom João I con Felipa de Lancaster y el bautismo del Infante Dom Henrique. La decoración con tallas doradas y columnas helicoidales es una obra maestra del barroco.

3 Claustro
El claustro gótico se construyó durante el reinado de Dom João I. El elaborado diseño de los azulejos que decoran las paredes lo realizó el artista portugués Valentim de Almeida en 1730. En ellos aparecen escenas del poema épico *Las metamorfosis*, del romano Ovidio, y de la vida de la Virgen María. La visita merece la pena,

aunque requiere pagar una entrada de bajo importe.

4 Capilla de João Gordo
Unos interesantes relieves de los doce apóstoles decoran los laterales del sepulcro de João Gordo, miembro de la Orden de los Caballeros Hospitalarios de San Juan de Jerusalén. Una escultura yacente del caballero remata el sepulcro.

5 Sala capitular
Las paredes de la sala capitular lucen frisos de azulejo, y el techo, elaborados paneles pintados. La escalera de granito que conduce

El claustro de la catedral y sus espectaculares azulejos

COMER Disfruta de una deliciosa comida con una copa de vino en la Taberna dos Mercadores *(p. 77)*, famosa por su animado ambiente y sabores locales.

sus colonias en América del Sur, y muchos de estos metales se donaron a la Iglesia católica.

a la sala fue añadida por el arquitecto italiano Nicolau Nasoni *(p. 28)*, cuyas obras pueden verse por toda la ciudad.

6 Tesoro

El tesoro de la catedral incluye piezas de oro y plata, vestiduras litúrgicas y algunos de los primeros libros impresos. Gran parte del oro y plata de Portugal procedía de

7 Rosetón

Ni el bello rosetón con vidrieras situado sobre los tubos del órgano ni el pórtico principal de la catedral en estilo barroco pasan desapercibidos. Las almenas que se ven por encima del rosetón son típicas de los edificios fortificados.

8 Logia lateral

En 1736 Nasoni añadió la logia barroca que cubre la fachada lateral al norte de la catedral. Está decorada con azulejos, al estilo de la época.

9 Torre norte

Este campanario está a la izquierda de la portada principal. Un erosionado bajorrelieve con un barco mercante del siglo XIV recuerda el pasado marinero de Oporto.

10 Terreiro da Sé

Dada su elevada ubicación, esta plaza frente a la catedral ofrece una amplia y magnífica vista de la ciudad, y es un lugar perfecto para contemplar la sobria fachada del edificio.

Desde la derecha en el sentido de las agujas del reloj Nave de la catedral; espectacular rosetón del siglo XIII; sala capitular; Terreiro da Sé

PALÁCIO DA BOLSA

F5 · **Rua Ferreira Borges** · **9.00–18.30 diario**
palaciodabolsa.com

El exterior de piedra de este antiguo edificio de la Bolsa no da ninguna pista sobre la opulencia que guarda dentro. En claro contraste, el interior es un derroche de opulencia, color y extravagancia. Se construyó para animar a los comerciantes adinerados a invertir en la ciudad y muestra toda la riqueza del Oporto del siglo XIX desplegada por todo el edificio.

Salón del Tribunal, Palácio da Bolsa

1 Salón del Tribunal

Tal y como su nombre indica, este salón albergó en su día los tribunales y sedes mercantiles portugueses. Sus tallas de madera y frescos del techo están iluminados por la luz que entra desde sus monumentales ventanales, que recuperaron su antiguo esplendor tras el profundo programa de restauración realizado entre los años 2007 y 2014.

2 Salón de los Retratos

Quienes visitan este pequeño salón de estilo Luis XVI quedan sorprendidos por el efecto de profundidad que crea el diseño del suelo de madera. La sala está dedicada a seis reyes de la Casa de Braganza, la dinastía portuguesa que gobernó el país desde 1640 hasta 1910.

3 Escalera Noble

Esta escalera de granito con grabados decorativos fue diseñada por Gustavo Adolfo Gonçalves de Sousa en 1868. Por la claraboya superior entra abundante luz natural. Las 2 lámparas de araña sobre la escalera recuerdan que este fue uno de los primeros edificios de Oporto que tuvo electricidad.

4 Galería de los Antiguos Presidentes

Esta oficina remodelada está dedicada a los antiguos presidentes de la Asociación Comercial de Oporto, cuya sede aún se encuentra aquí. Sus retratos aparecen distribuidos por la sala.

5 Salón de las Asambleas Generales

En los paneles de esta sala de reuniones los arquitectos emplearon yeso para imitar madera, y lograron un efecto muy realista.

6 Salón Árabe

Gustavo Adolfo Gonçalves de Sousa

Decoración de inspiración islámica del salón Árabe

Cúpula de cristal del Pátio das Nações

diseñó y construyó esta fascinante sala, sin duda la más destacada del palacio. Las obras empezaron en 1862 y no se concluyeron hasta 18 años después. La decoración, de estilo islámico, está inspirada en la Alhambra de Granada.

7 Gabinete de Gustave Eiffel

Gustave Eiffel visitó el Palácio da Bolsa cuando estaba realizando los planos del Ponte Dona Maria Pia. Este antiguo estudio rinde homenaje a Eiffel, pionero de la arquitectura en acero.

8 Salón Dorado

El Consejo de Administración de la Asociación Comercial de Oporto aún utiliza este salón para sus reuniones, con escritorios y armarios de madera bajo su techo de estuco dorado.

9 Pátio das Nações

Una cúpula de cristal cubre el vestíbulo de entrada del antiguo parqué de la Bolsa. Los escudos de armas representan a socios comerciales de Portugal.

10 Salón del Jurado

Los miembros del jurado del Tribunal Comercial se reunían en esta sala antes de una vista. El pintor portugués

Henrique Medina donó varios cuadros a la Asociación Comercial de Oporto.

Plano del Palácio da Bolsa

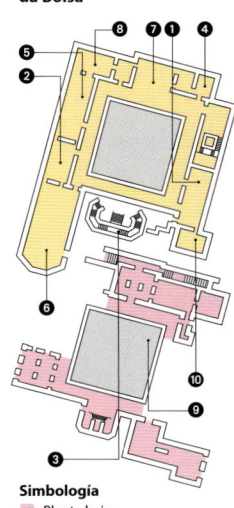

Simbología
- Planta baja
- Primera planta

> ### COMER
> El fabuloso restaurante O Comercial, en el Pátio das Nações, sirve cocina tradicional portuguesa con un toque moderno.

IGREJA DE SÃO FRANCISCO

📍 F5 🏛 Rua do Infante Dom Henrique ⏰ Abr-sep: 9.00-20.00 diario; oct-mar: 9.00-19.00 diario 🌐 ordemsaofranciscoporto.pt 🔗

Esta rutilante iglesia es sin duda la más sorprendente de la ciudad. Es uno de los mejores ejemplos de arquitectura gótica de Portugal, y fue declarada monumento nacional en 1910. Su suntuoso interior está repleto de impresionantes tallas doradas (*talha dourada*), que cubren casi todas sus superficies.

1 Nave central
La nave central parece salida de un cuento de hadas. Se cree que los maestros doradores usaron más de 400 kg de oro para cubrirla.

2 Altar mayor
El altar mayor, iluminado desde atrás por altos ventanales, es el principal foco de atención de la capilla mayor. Los retablos, de 1718, están flanqueados por columnas salomónicas doradas y esculturas de monjes franciscanos a ambos lados del ábside.

3 *Árbol de Jesé*
Uno de los elementos más llamativos del interior de la iglesia es este

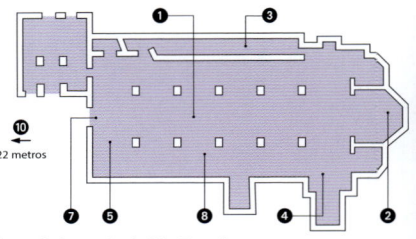

Plano de la Iglesia de São Francisco

retablo multicolor que representa la genealogía de Cristo. Las enseñanzas sobre el linaje de Cristo, representado en vidrieras, pinturas o tallas, fueron especialmente populares en el siglo XVIII.

4 Capela de São João Baptista
La capilla de San Juan Bautista, en el brazo sur del transepto, es obra de Diogo de Castilho. El pórtico labrado abre hacia un altar barroco y una pintura del siglo XVI con el bautismo

Una de las tallas del interior de la iglesia

de Cristo. Destaca la bóveda de crucería en estilo manuelino.

5 Imagen en granito de san Francisco de Asís
Esta imagen de san Francisco en granito policromado ocupa un nicho situado a la derecha de la entrada principal. Data del siglo XIII y es uno de los pocos elementos que se conservan de la iglesia original.

6 Tallas en madera
El interior de la iglesia se decoró durante los siglos XVII y XVIII con extraordinarias tallas doradas gracias a las generosas donaciones de los mecenas más

Catacumbas de la cripta

ricos de Oporto. Las elaboradas tallas en madera dorada cubren las paredes casi por completo.

7 Rosetón
La portada oeste ha sufrido numerosas modificaciones a lo largo del tiempo. El único elemento gótico que se conserva es el bello rosetón.

8 Portada sur
Al contrario que la fachada oeste de estilo barroco, la portada sur ha conservado en gran parte el estilo gótico. Sobre las molduras decorativas de estilo mudéjar del pórtico hay un gablete triangular con un pentagrama.

9 Catacumbas
Algunos miembros de la orden franciscana están enterrados en las catacumbas, en la cripta bajo la iglesia. En un rincón hay una claraboya en el suelo a través de la cual se ve un osario.

10 Museo
El museo, distribuido en dos plantas en la antigua Casa do Despacho, ofrece exposiciones sobre la orden franciscana y la historia de Oporto.

La espectacular *talha dourada* barroca

4

IGREJA Y TORRE DOS CLÉRIGOS

🗺 F4 🏛 Rua de São Filipe de Nery 🕐 Los horarios varían; consultar página web
🌐 torredosclerigos.pt ✦✦

La Torre dos Clérigos fue diseñada por el arquitecto italiano Nicolau Nasoni en la década de 1760. Sus 76 m de altura la convirtieron en el edificio más alto de Portugal en la época, y hoy sigue siendo un fantástico mirador sobre la ciudad. Nasoni también diseñó la adyacente Igreja dos Clérigos, declarada monumento nacional en 1910.

1 Fachada
La fachada de la iglesia, decorada con conchas y guirnaldas, es uno de los mejores trabajos de Nasoni. La escalinata se finalizó en 1763 y las fachadas laterales insinúan la planta elíptica del edificio, una de las primeras iglesias de Oporto de esa época con ese diseño.

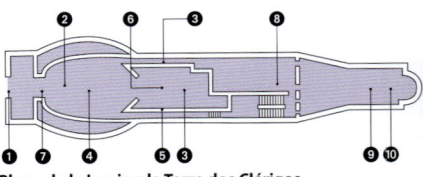
Plano de la Iglesia y la Torre dos Clérigos

NICOLAU NASONI

El pintor y arquitecto Nicolau Nasoni (1692-1773) destacaba por su estilo teatral. Nació en San Giovanni Valdarno (Toscana), estudió en Siena y pintó frescos en Roma y la catedral de La Valeta, en Malta, donde recibió un encargo de la Orden de San Juan. Llegó a Oporto en 1725 y se convirtió en una de las figuras más influyentes de la arquitectura barroca y rococó de Portugal.

2 Nave central
El diseño elíptico de la nave fue algo innovador en la época. Los muros de mármol y granito lucen una rica decoración de talla dorada, pero lo más destacado es el magnífico retablo.

3 Retablo
Este retablo de mármol policromado en estilo rococó fue obra de Manuel dos Santos Porto. El centro lo ocupa una imagen de Nuestra Señora de la Asunción, patrona de la hermandad, y en los flancos están las esculturas de los copatronos san Pedro ad Víncula y san Felipe Neri.

4 Cúpula
El escudo de armas de la Hermandad de los Clérigos, para quien se construyó la iglesia, ocupa el centro de la cúpula que se eleva sobre el retablo. La luz que entra por los óculos traseros ilumina los ejemplos más antiguos de talla dorada de la iglesia.

5 Órganos
La capilla mayor está flanqueada por dos impresionantes órganos ibéricos. Se construyeron

El exterior barroco de la iglesia

Vistas de la ciudad desde lo alto del campanario

entre 1774 y 1779, y fueron necesarios cinco años de trabajo para cada uno.

6 Cripta
El artista y arquitecto italiano Nicolau Nasoni diseñó la Igreja y la Torre dos Clérigos, así como muchos otros edificios públicos de la ciudad, como sus añadidos a la Sé do Porto y a la Igreja de Santo Ildefonso. Pasó parte de su vida en Oporto y su tumba está en la cripta de la iglesia, aunque se desconoce la ubicación.

7 Capela da Lapa
Esta antigua morgue situada bajo la iglesia fue cuidadosamente restaurada junto al resto del edificio en 2014. La Cruz da Cassoa, un crucifijo de mármol con un Cristo crucificado pintado, estuvo expuesta aquí hasta

que comenzó la restauración. Ahora se encuentra cerca de la Casa de la Hermandad.

8 Museu dos Clérigos
Este pequeño museo se encuentra en la Casa de la Hermandad, adyacente a la iglesia, y alberga una fascinante colección de pintura, mobiliario, escultura, objetos religiosos y joyas.

9 Escalera
La vertiginosa subida por los 225 peldaños de la escalera de caracol

de la torre se ve recompensada con un amplio panorama del horizonte de Oporto y sus tejados.

10 Campanas
El melódico repique de las campanas de la iglesia se escucha por toda la ciudad, y puede resultar ensordecedor para quienes suben por la escalera de la torre.

VISTAS
Uno de los mejores lugares para contemplar la magnífica nave central es la galería situada sobre el ábside.

Piezas expuestas en el Museu dos Clérigos

CAIS DA RIBEIRA

📍 F5

El pintoresco paseo fluvial de Oporto es un hervidero de actividad. Casas de vistosos colores se elevan sobre las animadas tascas y tabernas que flanquean esta avenida por donde los portuenses pasean por la noches escuchando a los músicos callejeros. Por encima se alza la estructura de acero del icónico Ponte Dom Luís I, que ofrece unas fantásticas vistas del río Duero.

1 Igreja de Nossa Senhora da Vitória

Esta impresionante iglesia barroca (p. 74) ha vivido múltiples cambios a lo largo de su vida. Erigida en 1539, se reconstruyó tras sufrir un incendio en el siglo XVIII, convirtiéndola en el gran edificio que vemos hoy.

2 Ponte Dom Luís I

Parece injusto que la avenida que pasa bajo este puente recuerde a Gustave Eiffel y que su verdadero arquitecto, Theophil Seyrig, permanezca casi olvidado. Aunque, qué mejor monumento a Seyrig que el propio puente, símbolo de Oporto.

3 Travesías en *rabelo*

Los paseos por el Duero ofrecen otra perspectiva de la ciudad y sus puentes. La travesía de

los seis puentes es una de las más populares. En verano se reserva con antelación.

4 Alminhas da Ponte

Este relieve del escultor António Teixeira Lopes recuerda el desastre del Ponte das Barcas, un puente de barcazas que se hundió cuando miles de personas huían de las tropas de Napoleón en 1809.

5 Casa do Infante

Según cuenta la leyenda, en esta casa nació el Infante Dom Henrique, hijo de Dom João I. Hoy alberga un pequeño e interesante museo.

6 Elevador da Ribeira

El Elevador da Ribeira, o Ascensor da Ribeira, sube a los peatones hasta media ladera de Ribeira para disfrutar de las impresionantes vistas del río Duero. El presidente Soares lo inauguró en 1994.

7 Monumento ao Duque da Ribeira

Este monumento recuerda al barquero Duque da Ribeira, que salvó a muchos de ahogarse en el río durante el desastre del Ponte das Barcas.

8 Rua da Fonte Taurina

Esta calle flanqueada de bares y restaurantes se extiende al oeste de la Praça da Ribeira. Está considerada una de las más antiguas de Oporto y es un destino perfecto para almorzar.

9 Pilares da Antiga Ponte Pensil

A escasa distancia del icónico Ponte Dom Luís I se pueden ver los restos del puente colgante que sirvió para comunicar Ribeira y Vila Nova de Gaia entre 1842 y 1887.

Una de las terrazas de Ribeira

El monumental exterior de Fonte Ribeira

10 Praça da Ribeira

Esta plaza alberga dos fuentes. En el centro se encuentra la moderna Fonte do Cubo, diseñada por José Rodrigues en 1970, y a su lado está la Fonte Ribeira, del s. XVIII, dedicada a São João, patrón de Oporto.

CASA DA MÚSICA

📍 D1 🏠 Avenida da Boavista 604-610 🕐 9.30-18.00 diario
🌐 casadamusica.com ↗

La futurista Casa da Música es la joya de la zona de Boavista. El edificio, diseñado por el arquitecto holandés Reem Koolhaas con una mezcla de estilos holandeses y portugueses, se finalizó en 2005 y no tardó en convertirse en uno de los más icónicos de Oporto. Es la sede de la Orquestra Sinfónica do Porto y el principal auditorio de la ciudad.

1 Exterior
En el centro de una vasta plaza, una ancha escalera metálica asciende hacia el blanco poliedro asimétrico. El conjunto se completa con materiales modernos como madera contrachapada, doble acristalamiento curvo y hormigón blanco.

2 Sala Suggia
El auditorio principal, con 1.300 localidades, recuerda a la violonchelista Guilhermina Suggia. Los diseños dorados de las paredes imitan las tallas doradas de las iglesias portuguesas. Los muros de vidrio permiten celebrar conciertos con luz natural.

3 Órganos
El edificio incorpora elementos del pasado de Oporto en su moderna estructura. Los dos modelos de órganos del auditorio principal crean un armónico lazo entre el pasado y el presente de Oporto.

La Sala Suggia, auditorio principal

Fachada postmoderna de la Casa da Música

La Sala VIP cubierta de azulejos portugueses

4 Vestíbulo este
Este amplio espacio abierto con 17 m de altura conecta el interior del edificio con el mundo exterior. El vestíbulo no solo permite la entrada de luz natural en la Sala Suggia, la principal sala de conciertos de la Casa da Música, sino que anima a quienes pasan por la Rotunda da Boavista a mirar dentro del auditorio principal cuando hay conciertos.

5 Sala 2
Esta sala polivalente, el segundo mayor auditorio, tiene capacidad para 300 personas sentadas o 650 en pie. El espacio es muy flexible y puede adaptarse a todo tipo de espectáculos. Las paredes y el techo están forrados con madera pintada de rojo.

6 Sala VIP
En este espacio convergen las culturas portuguesa y holandesa. Los azulejos de las paredes representan al Infante Dom Henrique

CONSEJO TOP 10

Las entradas cuestan lo mismo para todos los asientos del auditorio.

(p. 39) y la conquista de Ceuta de 1415. Los ventanales ofrecen magníficas vistas.

7 Sala de la terraza
Una gran claraboya domina esta sala versátil. La acústica no es la ideal para conciertos, por lo que suele destinarse a conferencias de prensa y actos.

8 Cibermúsica
Las paredes de esta sala están cubiertas a un lado con caucho y espuma de poliuretano y al otro con hormigón, lo que crea una curiosa acústica dual. El ventanal interior ofrece una perspectiva diferente del escenario en el auditorio principal.

9 Restaurante Casa da Música
⏱ 12.30–15.00 y 19.30–23.00 lu–ju, 19.30–24.00 vi y sá
La terraza del restaurante de la Casa da Música, en la séptima planta, ofrece magníficas vistas del Jardim da Rotunda Boavista y la ciudad.

10 Terraza
Esta terraza con baldosas blancas y negras está ingeniosamente recortada sobre el tejado de la Casa da Música. Las paredes en declive permiten disfrutar de amplias vistas de la ciudad.

REFERENTE CULTURAL

Con motivo de la elección de Oporto como Capital Europea de la Cultura en 2001, las autoridades locales convocaron un concurso para levantar un centro cultural acorde al título. Koolhaas presentó un diseño que en un principio le habían encargado para una casa privada. Tras abandonarse el proyecto, lo amplió y modificó para el concurso. El auditorio abrió sus puertas en 2005 y no tardó en convertirse en referente cultural.

JARDINS DO PALÁCIO DE CRISTAL

📍 D3 🏛 Rua Dom Manuel II 📞 225 320 080

Este espacio verde, diseñado en el siglo XIX por el alemán Émile David, ofrece senderos arbolados, estanques, flora colorida y pequeños jardines: el destino ideal para escapar de la vida urbana. Es más, desde las terrazas ajardinadas en la ladera de la colina se consiguen algunas de las mejores vistas de la ciudad.

1 Avenida das Tílias

La avenida principal del parque se extiende desde la Galeria Municipal hasta la capilla de Carlos Alberto y es el lugar ideal para iniciar y terminar la visita. Los bancos a lo largo del centro invitan a descansar.

2 Galeria Municipal

🕙 10.00–18.00 ma-do
🚫 Festivos

El edificio que hay junto a la entrada principal alberga exposiciones de arte contemporáneo, talleres y eventos. También hay una biblioteca y una cafetería para beber o picar algo.

3 Quatro Estações

Este cuidado jardín circular con fuentes está cerca del pabellón principal. Incluye una escultura dedicada a cada estación del año: *Primavera, Verão, Outono* e *Inverno* (primavera, verano, otoño e invierno).

4 Pavilhão Rosa Mota

Este pabellón sustituyó al Palácio de Cristal

COMER

El cercano Restaurante O Caseirinho *(p. 85)*, a orillas del río, sirve platos portugueses sabrosos y ofrece magníficas vistas del Ponte da Arrábida.

original de hierro y vidrio y lleva el nombre de la maratoniana Rosa Mota. En él se han celebrado multitud de eventos deportivos y conciertos.

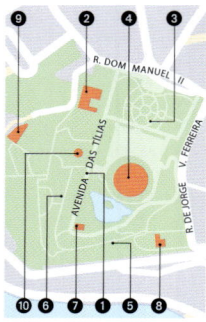

En el sentido de las agujas del reloj, desde arriba a la izquierda La original cúpula del Pavilhão Rosa Mota; escultura de piedra del jardín; entrada a la capilla de Carlos Alberto

5 Miradores

Hay muchos miradores señalizados desde los que disfrutar de magníficas vistas de Vila Nova de Gaia. Los puntos panorámicos situados en el lado sur ofrecen impresionantes vistas del Ponte da Arrábida y Foz do Douro.

6 Jardines

🕐 Abr-sep: 8.00-21.00 diario; oct-mar: 10.00-19.00 diario

Las laderas abancaladas albergan jardines temáticos. Entre los jardines de esculturas y las avenidas arboladas hay infinidad de rincones para disfrutar de las vistas.

7 Capilla de Carlos Alberto

Esta capilla está dedicada al rey de Piamonte y Cerdeña, exiliado en Oporto. Tras su muerte en 1848, su hermana la construyó en su honor.

8 Casa do Roseiral

Este edificio amarillo con vistas al río es la residencia oficial de los alcaldes de Oporto. Actualmente solo se utiliza para eventos.

9 Museu da Cidade-Extensão do Romantismo

🏠 Rua de Entre-Quintas 220 🕐 10.00-17.30 ma-do 🔗

La antigua Quinta da Macieirinha alberga ahora el Museu da Cidade-Extensão do Romantismo, con muebles y objetos de época.

10 Concha Acústica

Este quiosco de música de estilo *art nouveau* permanece gran parte del año como una concha vacía, pero en verano se anima con conciertos de música clásica y actuaciones en directo.

Los jardines formales del Palácio de Cristal

SERRALVES

📍 R3 🏠 Rua D João de Castro 210 🕐 Abr-sep: 10.00-19.00 diario
(hasta 20.00 sá y do); oct-mar: 10.00-18.00 diario (hasta 19.00 sá y do)
🚫 1 ene y 25 dic 🌐 serralves.pt 🔗

Serralves, Monumento Nacional portugués y apreciada institución
cultural, comprende una villa *art déco*, un museo de arte contemporáneo
y 18 hectáreas de jardines con tesoros arquitectónicos de gran belleza y
apasionantes obras de arte. El museo fue diseñado en 1911 por el arquitecto
portuense Álvaro Siza Vieira en su característico estilo modernista.

1 Museu de Serralves

Este museo de arte contemporáneo, especializado en arte de la década de 1960 en adelante, se inauguró en 1999. También acoge varias exposiciones temporales a lo largo del año.

2 Casa de Serralves

La Casa de Serralves, una peculiar villa de color rosa construida entre 1925 y 1944, sirvió de residencia a Carlos Alberto Cabral, segundo conde de Vizela. Ahora forma parte del Museu de Serralves y alberga exposiciones durante todo el año.

Tranquilo rincón del patio del museo

> 📷 **VISTAS**
> Desde la planta superior del museo, el paseo hasta la Explanada ofrece unas magníficas vistas del jardín.

3 Parque de Serralves

El parque que rodea el museo y la villa tiene diferentes secciones: multitud de jardines interconectados, como la Rosaleda y el Jardín de las Camelias, un recorrido por las copas de los árboles y una

granja tradicional. Hacia el río Duero hay un jardín de 500 m con praderas, lechos de flores y cascadas, que termina con una escalera que lleva a un pequeño estanque llamado El lago romántico.

4 Ala Álvaro Siza
En 2023, el museo inauguró esta nueva sala diseñada por Álvaro Siza Vieira. En ella se expone parte de la colección permanente de Serralves, con especial atención a la obra de Siza Vieira y a la arquitectura contemporánea portuguesa.

5 Casa do Cinema Manoel de Oliveira
Este auditorio con espacio de investigación se creó en 2019 en un garaje en desuso. El cine, bautizado en honor a un famoso director y guionista portugués, proyecta películas independientes.

Una fuente del Parque de Serralves

6 Capilla
Cabral, el segundo conde de Vizela, heredó la propiedad de su padre con la condición de que conservara esta capilla del siglo XIX. El nuevo exterior *art déco* combina a la perfección con la villa.

7 Biblioteca
La biblioteca posee una magnífica colección con unos 35.000 títulos sobre temas diversos, como arte contemporáneo, paisajismo y fotografía.

8 Librería
Esta tienda especializada en libros que versan sobre artistas contemporáneos vende también postales, grabados y publicaciones sobre las exposiciones en curso, dedicadas a

temas tan variados como arquitectura, diseño, fotografía, danza, artes escénicas, bellas artes y cine. Hay también una buena selección de títulos infantiles.

9 Serralves em Festa
W serralvesemfesta.com
Hacia principios de junio, este festival de arte contemporáneo, el mayor de Portugal, atrae a miles de visitantes. En los alrededores del complejo se celebran actividades y eventos que incluyen música, danza contemporánea, cine, arquitectura y teatro.

10 Talleres de fin de semana
Tanto niños como adultos pueden dar rienda suelta a su creatividad en estos talleres. Se puede consultar la programación en la página web.

El bonito interior de la biblioteca

Esculturas del Parque de Serralves

1. *Plantoir*
Esta pala de jardinería de 7 m se alza en el parque de esculturas de Serralves, como si un gigante la hubiera tirado al suelo. Fue creada en 2001 por los escultores Claes Oldenburg y Coosje van Bruggen.

2. *The Curious Vortex*
Diseñada por el artista islandés-danés Olafur Eliasson, esta gran escultura de acero inoxidable (2019) compara los movimientos arremolinados de un vórtice con las sugerentes exposiciones rotativas de un museo.

3. *Travessia*
El escultor portugués Rui Chafes creó esta escultura de hierro y hormigón, parecida a un capullo en metamorfosis, situada bajo el paseo Levada del parque.

4. *Para o Porto*
Estas esculturas de hierro del artista contemporáneo alemán Veit Strattman estuvieron en el Palácio de Cristal hasta que se trasladaron a Serralves en 2005. Sus formas aparentemente simples recuerdan al mobiliario urbano con el que los paseantes pueden interactuar.

5. *Sky Mirror*
Este *Espejo del cielo,* obra de Anish Kapoor se encuentra en el Jardín del Reloj Solar. Su plato cóncavo de acero inoxidable pulido refleja a los visitantes y su entorno. El artista indobritánico colaboró con físicos para lograr el mejor efecto óptico.

6. *Double Exposure*
Este pabellón de base triangular es obra del artista estadounidense Dan Graham. En él ofrece múltiples perspectivas de un mismo tema mediante un magistral uso de espejos, vidrio y diapositivas.

7. *Walking is Measuring*
El artista estadounidense Richard Serra eligió la ubicación exacta de esta enorme escultura dentro del parque. *Walking is Measuring* está formada por dos imponentes rectángulos de acero colocados entre una hilera de árboles y el muro que rodea el parque y lo separa de la calle.

8. *Para uma cidade nova*
Esta enorme instalación con 94 árboles, 4 bancos de pizarra y una mesa con una fuente requiere de la interacción humana para estar completa. La escultora germano-estadounidense Maria Nordman la creó en 2001, cuando Oporto fue elegida Capital Europea de la Cultura.

9. *Um jardim catóptrico*
El artista multidisciplinar portugués Ângelo de Sousa imaginó este pequeño juego del escondite en 2002. Consta de once espejos colocados en vertical en los que se reflejan el paisaje y los viandantes.

10. *La baigneuse drapée (La Seine)*
El influyente artista francés Aristide Maillol era conocido por sus desnudos de inspiración clásica. Esta obra refleja su estereotipo de la belleza mediterránea.

La baigneuse drapée de **Aristide Maillol**

ÁLVARO SIZA VIEIRA

TOP 10
PROYECTOS
INTERNACIONALES DE
ÁLVARO SIZA VIEIRA

1. Museo Internacional de Diseño de China, Hangzhou, China

2. Iglesia de Saint Jacques de la Lande, Francia

3. Pabellón Serpentine (2005), Londres, Reino Unido

4. Museo de Arte Mimesis, Paju, Corea del Sur

5. Edificio de apartamentos Bonjour Tristesse, Berlín, Alemania

6. Teatro auditorio de Llinars del Vallès, Barcelona, España

7. Torre en 611 West 56th Street, Nueva York, Estados Unidos

8. Edificio de oficinas para la compañía química Shihlien, Jiangsu, China

9. Auditorio de la Universidad del País Vasco, Bilbao, España

10. Pabellón de arte del Parque Saya, Gyeongsangbuk-do, Corea del Sur

El célebre arquitecto Álvaro Siza Vieira

Álvaro Siza Vieira nació en 1933 al norte de la ciudad y estudió Arquitectura en la Universidad de Oporto. Como arquitecto contemporáneo, trabajó en numerosos proyectos en Portugal y el extranjero. El Museu de Serralves es una de sus obras más conocidas, por el ingenioso diseño que lo conecta con el paisaje circundante. A los 9 años de fundar su estudio, construyó en Matosinhos la Casa de Chá da Boa Nova (1956), que parece tallada directamente en la roca frente al Atlántico. En la década de 1970 diseñó el complejo de vivienda social Bairro da Bouça y en la década de 1980, la Facultad de Arquitectura de la universidad. En 1992 Vieira ganó el prestigioso premio Pritzker por un proyecto de renovación en Lisboa, aunque Oporto ha sido siempre su principal escenario de trabajo. Su intervención resulta evidente en muchos edificios de la ciudad. En 2023 concluyó la nueva ala de Serralves y en 2024 el mirador de Zebro en el centro de Portugal. El reciente documental *Siza* rinde tributo a su legado arquitectónico internacional.

Casa de Chá de Boa Nova asomada al mar, Matosinhos

MUSEU NACIONAL SOARES DOS REIS

📍 E3 🏛 Rua D Manuel II 44 🕐 10.00-18.00 ma-do ❌ Festivos
🌐 museusoaresdosreis.gov.pt 🔗

Las obras del escultor portuense António Soares dos Reis forman el núcleo de esta fascinante colección instalada en el Palácio dos Carrancas. El museo, creado para agrupar los tesoros de arte sacro de las órdenes que habían sido disueltas durante el fervor anticlerical de principios del siglo XIX actualmente alberga piezas de los siglos XVI a XX.

1 Fachada neoclásica

La fachada del museo la diseñó Joaquim da Costa Lima Sampaio. Las ventanas con arco de medio punto, el pórtico y la cubierta con urnas de piedra sobre un segundo piso estucado en color carmesí son elementos típicos de los edificios neoclásicos levantados en Oporto hacia el siglo XIX.

Biombo de la colección de muebles

2 Colección de pintura

Entre las 2.500 obras de arte del museo, algunas del siglo XVI, se incluyen los cuadros de los portuenses António Carvalho de Silva Porto (1850-1893) y João Joaquim Marques da Silva Oliveira (1853-1927). Sus pinturas naturalistas fueron el preludio de una nueva era en el arte portugués.

3 Piezas de oro y plata

Esta llamativa colección incluye objetos de oro y plata. Entre los más antiguos se incluyen ornamentos litúrgicos en plata del siglo XV y piezas del antiguo tesoro real. Gran parte de los metales preciosos proceden de las colonias americanas de Portugal.

4 O Desterrado

El desterrado, esculpido en mármol de Carrara, está considerada la mejor obra de Soares dos Reis. Su fusión de influencias románticas y realistas desató un furor artístico en Portugal cuando fue presentada.

5 Colección de muebles

La obra más destacada de esta colección es un gran púlpito de inspiración gótica del siglo XVI. También alberga piezas que reflejan influencias del Imperio portugués.

6 Joyas

Las joyas episcopales de los siglos XVIII y XIX que formaban parte del tesoro del palacio Episcopal de Oporto reflejan la opulencia que caracterizó a la Iglesia

☕ **BEBER**
A la vuelta de la esquina, en la terraza del Digby Restaurant Bar (*p. 85*) se puede tomar un cóctel y disfrutar de magníficas vistas.

Exterior de arenisca rojiza del museo

Delicada porcelana china

portuguesa en su periodo de apogeo gracias a sus colonias americanas.

7 Cerámica

Las elegantes piezas de porcelana china de principios del siglo XVI demuestran la influencia de Asia en la cerámica creada por los artesanos portugueses de Oporto, Gaia y Viana do Castelo.

8 Esculturas

La amplia colección de escultura del museo abarca más de 1.000 años de historia. Se exponen desde piezas romanas y medievales hasta las obras maestras en estilo clásico realista de António Soares dos Reis, consideradas pioneras en su época y todavía célebres.

9 Tejidos

Esta colección incluye bellos tapices eclesiásticos que proceden de distintas instituciones religiosas disueltas durante la Revolución Liberal, además de colchas de encaje y tapices.

10 Piezas de cristal

Las magníficas piezas de cristalería del siglo XIX que se exponen en esta galería rinden homenaje a la industria que se convertiría en destacado pilar de la economía portuguesa y motivo de orgullo nacional.

ANTÓNIO SOARES DOS REIS

António Soares dos Reis, principal representante de la escultura realista portuguesa, nació en Vila Nova de Gaia en 1847. Estudió en la Academia Portuguesa de Bellas Artes, la École des Beaux-Arts de París, y en Roma, donde finalizó su obra más famosa, *O Desterrado*. A su regreso a Oporto ya era un artista reconocido, logrando un puesto como profesor de la Academia de Bellas Artes en 1881. Desafortunadamente, sus problemas de salud mental le empujaron al suicidio en 1889 con solo 42 años.

ESTAÇÃO DE SÃO BENTO

📍 F4 🏛 Praça Almeida Garrett 🕐 Los horarios varían, consultar la página web 🌐 cp.pt/en/Stations/Porto-Sao-Bento

La Estaçao de São Bento, tal vez uno de los nudos de transporte más bellos del mundo, refleja la habilidad de Oporto para mezclar belleza y funcionalidad. Situada en el centro de la ciudad, es uno de los mejores lugares para admirar los hermosos azulejos portugueses, dispuestos en forma de grandes murales.

Mural de la conquista de Ceuta

1 Arquitectura

Situada en el corazón del casco histórico, la estación llama la atención por su imponente fachada de piedra. El edificio, en forma de U, fue proyectado por el arquitecto portuense José Marques da Silva en 1896.

2 El artista

El pintor Jorge Colaço (1862-1942) fue el encargado de diseñar los azulejos. Nacido en Tánger e hijo de un diplomático, estudió arte en Madrid y París, y luego se instaló en Portugal. Sus más de mil murales de azulejos se distribuyen por todo el país, incluidas varias iglesias de Oporto.

3 Conquista de Ceuta

De las muchas escenas hechas con azulejos de la estación, la que representa la invasión portuguesa de Ceuta en 1415 es una de las más espectaculares. Dirigida por el Infante Dom Henrique, la toma señaló el comienzo de la Era de las Exploraciones y los esfuerzos de expansión del Imperio portugués.

> **CONSEJO TOP 10**
>
> Las taquillas con llave de la estación permiten explorar Oporto libre de equipaje.

4 Batalla de Valdevez

Uno de los paneles superiores muestra el *Torneio de Arcos de Valdevez*, un torneo que tuvo lugar en 1140 entre caballeros de Portugal y León, en el que los portugueses salieron vencedores. Tras los combates se firmó un armisticio entre ambos reinos.

5 Temas genéricos

Junto a episodios históricos, los azulejos exploran otros temas, como la cronología del transporte, el trabajo en el campo y las costumbres tradicionales portuguesas.

6 Time Out Market

📍 F4 🕐 10.00-24.00 diario 🌐 timeout market.com/porto

Tras una década de éxito en la capital, en mayo de 2024 Time Out Market abrió un nuevo establecimiento en el ala sur de la estación portuense. Varios de sus puestos están dirigidos por chefs locales

Vestíbulo de la estación decorado con azulejos

como Ricardo Costa, dueño de The Yeatman *(p. 99)*, galardonado con estrella Michelin.

7 Fantasmas

La estación ocupa los terrenos del antiguo Convento de São Bento de Ave Maria, del siglo XVI. La última monja de la orden murió en 1892, más de 50 años después de la extinción de las órdenes religiosas en Portugal. Algunos creen que su fantasma sigue recorriendo los pasillos de la estación.

8 The Passenger Hostel

🌐 thepassengerhostel. com

Situado en la última planta de la estación y con grandes ventanales que dan a las vías, el Passanger Hostel es un albergue galardonado con el Green Keyaward por su sostenibilidad. Se puede elegir entre dormitorios compartidos o privados. Difícil perder el tren.

9 Recorridos panorámicos

São Bento conecta Oporto con el valle del Duero y es el punto de partida ideal para un pintoresco viaje en tren. Se puede tomar un tren regional, subir a un vagón de los años 40 de la línea MiraDouro o disfrutar de recorridos estacionales como el de los almendros en flor o el Tren Presidencial, perteneciente a la familia real portuguesa y utilizado por varios jefes de estado.

> 🍴 **COMER**
> En la cafetería Jeronymo se puede tomar un café rápido en la barra o sentarse tranquilamente y disfrutar de uno de sus deliciosos pasteles.

10 Linha do Minho

La Linha do Minho conecta la estación de São Bento con España. La línea termina em Valença y desde allí se puede tomar el tren hasta Vigo. La ruta pasa por Viana do Castelo, una ciudad costera con un impresionante santuario neobizantino.

El exterior de la estación iluminado

LO MEJOR DE OPORTO

Panel de azulejos de la Capela das Almas

JOYAS ARQUITECTÓNICAS

1 Depósito de Materiais da Fábrica das Devesas
📍 F3 🏠 Rua de José Falcão 199

Obra de António de Almeida Costa, fundador de la antigua fábrica Cerâmica das Devesas, este antiguo almacén de 1901 destaca por su fachada de azulejos neoárabes y sus ventanas en forma de herradura. Actualmente alberga la popular coctelería Torto *(linktr.ee/torto.porto)* y un espacio de *coworking* gestionado por la cadena hotelera Selina.

2 Paço Episcopal
📍 F5 🏠 Terreiro da Sé
🕐 9.00-13.30 y 14.00-17.30 lu-sá
🌐 diocese-porto.pt

Aún se conservan vestigios del palacio episcopal del siglo XIII, aunque gran parte de lo que hoy se ve es resultado de una profunda remodelación barroca del siglo XVIII, probablemente de Nicolau Nasoni *(p. 28)*.

3 Serralves
El Parque de Serralves *(p. 36)* alberga varias esculturas y construcciones magníficas. La Casa de Serralves, diseñada por el arquitecto francés Charles Siclis para el conde Carlos Alberto Cabral en los terrenos de la residencia de verano familiar, deja fascinados a los amantes del *art déco* con sus elegantes proporciones, que contrastan con el minimalismo del Museu de Serralves, obra de Álvaro Siza.

4 Estação de São Bento
La estación de São Bento *(p. 71)* se inauguró en 1916 y está decorada con azulejos del artista ceramista Jorge Colaço. La estructura de granito, en un funcional estilo francés, contrasta con las fachadas de estuco blanco y azulejo del casco histórico.

5 Teatro Nacional São João
📍 G4 🏠 Praça de Batalha
🕐 14.30-19.00 ma-sá 🔗

El arquitecto João Marques da Silva ganó en 1910 la licitación para construir un nuevo teatro en el solar del Teatro do Príncipe, incendiado en 1908. El resultado fue este sólido edificio, inaugurado en 1920. Los domingos abre únicamente para actuaciones y exposiciones.

6 Casa da Música
Este templo de la cultura *(p. 32)*, diseñado por el arquitecto holandés Rem Koolhaas en su característico estilo angular, es el paradigma del modernismo del siglo XXI. Todos los materiales empleados en su interior fueron seleccionados no solo por su aspecto, sino por su idoneidad para el propósito del edificio, incluso los asientos se diseñaron para preservar la perfecta acústica.

7 Livraria Lello
Aparte de vender libros, la Livraria Lello *(p. 75)* es una institución de Oporto y una obra de arte en sí misma. Xavier

**Fabuloso interior *art déco*
de la Livraria Lello**

Esteves, su diseñador, fusionó influencias neogóticas y *art nouveau* para crear una elaborada fachada y un interior dominado por vidrieras y una escalera de caracol roja.

8 Centro Português de Fotografia

Esta imponente estructura (p. 79) construida en 1767, en su origen una cárcel, se alza en el corazón del antiguo barrio judío de Oporto. Aún conserva las puertas originales y las celdas están hoy ocupadas por fascinantes exposiciones de equipos fotográficos, accesorios y grabados antiguos.

9 Majestic Café

El café más elegante de Portugal (p. 76) posee un bello interior *belle époque* con mármoles grabados y ventanas ornamentadas. Lo diseñó el arquitecto portuense João Queiroz y se inauguró en 1921. Las obras realizadas entre 1992 y 1994 le devolvieron su antiguo esplendor.

10 Ponte Dona Maria Pia

🗺 H5 📍 Avenida de Gustave Eiffel

Este puente de hierro forjado sobre el Duero fue construido por la compañía de Gustave Eiffel. Cuando se inauguró en 1877, era el puente de arco único más largo del mundo (350 m). Ya no circulan trenes por él y está cerrado a peatones y vehículos.

Arco parabólico del Ponte Dona Maria Pia

TOP 10 IGLESIAS

1. Igreja de Santo Ildefonso
La fachada de azulejos de Santo Ildefonso (p. 72) resulta impresionante, aunque sea muy reciente –se añadió en 1932–.

2. Igreja de São Francisco
Tras una fachada del siglo XIV, São Francisco (p. 26) oculta un interior bañado en oro. Bajo la iglesia están las catacumbas.

3. Igreja do Corpo Santo de Massarelos
🗺 D4 📍 Rua do Adro 2B 🕐 Abr-sep: 10.00-12.00 y 14.00-18.00 diario; oct-mar: 14.00-18.00 diario
Esta modesta iglesia tiene una historia ilustre y luce paneles de azulejo de temática marinera.

4. Igreja do Carmo
Unos bonitos murales de azulejo cubren el exterior de esta iglesia (p. 80).

5. Igreja de São Pedro de Miragaia
Su capilla, cubierta de tallas doradas, es una fusión de rococó con otros estilos (p. 81).

6. Igreja dos Clérigos
La torre de 75 m de esta iglesia en lo alto de una colina (p. 28) es una de las más altas de la ciudad de Oporto.

7. Igreja de Santa Clara
Tras una sencilla fachada, esta iglesia (p. 71) presenta un derroche de tallas pintadas y doradas.

8. Capela das Almas
🗺 G3 📍 Rua de Santa Catarina 🕐 7.30-18.00 lu-vi, 7.30-12.30 y 18.00-19.30 sá y do
Esta ornamentada capilla, también conocida como Capela de Santa Catarina, está cubierta de azulejos del siglo XX.

9. Sé do Porto
Alegres azulejos, un claustro del siglo XIV, una escalinata del siglo XVII y varias pinturas destacan entre los elementos de esta catedral sobre una colina (p. 22).

10. Igreja de Nossa Senhora da Vitória
Dañada durante el asedio de Oporto y después por el incendio de 1874, esta iglesia contiene un bonito interior rococó (p. 74).

AZULEJOS

1 Estação de São Bento
La fachada y el vestíbulo de la estación de São Bento (p. 42) están decorados con representaciones de temática profana del artista Jorge Colaço. Entre ellas se incluyen imágenes de momentos destacados en la historia de Portugal, como la visita de Dom João I en 1387 y la conquista de Ceuta en 1415.

2 Igreja de São Pedro de Miragaia
Los sencillos azulejos con diseños geométricos que cubren la fachada de esta iglesia (p. 81), dedicada al patrón de los pescadores, se añadieron en el siglo XIX y contrastan con las elaboradas fachadas que lucen muchos de los edificios históricos de Oporto. Su exterior no da pistas del gran número de tallas doradas del interior.

3 Igreja de Santo Ildefonso
Jorge Colaço creó en 1932 los bellos paneles de azulejo que adornan el exterior de esta iglesia (p. 72). El conjunto, formado por unos 11.000 azulejos, incluye escenas de la vida de san Ildefonso, que fue obispo de Toledo durante el siglo VII.

4 Sé do Porto
Las paredes del claustro gótico y la logia barroca de la espectacular catedral de Oporto (p. 22) lucen azulejos de intrincado diseño, en los que se representan escenas del *Cantar de Salomón* y la vida de la Virgen María. Son obra de los ceramistas del siglo XVIII Valentim de Almeida y António Vidal.

5 Igreja do Carmo
La fachada de esta iglesia del siglo XVIII (p. 80) está totalmente cubierta de azulejos. Estos paneles creados por Silvestre Silvestri, en los que se representa a la Virgen María, son de los más espectaculares de Oporto. Los de la fachada oriental muestran escenas de la fundación de la orden carmelita en Tierra Santa.

6 Casa da Música
La angular Casa da Música (p. 33), diseñada por Rem Koolhaas, resulta una ubicación ideal para los azulejos luminiscentes de su sala VIP, creada por el arquitecto en honor a los ceramistas portugueses y holandeses del siglo XVI.

7 A Pérola do Bolhão
🅖 G3 🏠 Rua Formosa 279
🕐 9.00-19.00 lu-vi, 9.00-13.00 sá
La fachada *art nouveau* de esta antigua tienda de alimentación está decorada

**Entrada de
A Pérola do Bolhão**

con retratos de mujeres indias y africanas en azulejo. Representan el té y el café importados de las colonias portuguesas y vendidos en este comercio a los habitantes de Oporto desde 1917.

8 Capela das Almas
Los elaborados azulejos de la Capela das Almas, también conocida como Capela de Santa Catarina (p. 47), fueron añadidos en 1929 por el artista Eduardo Leite. En ellos aparecen representadas escenas del martirio en una rueda y la ejecución de santa Catalina en el siglo IV y de la vida y muerte de san Francisco de Asís.

9 Panel *Ribeira Negra*
Esta obra contemporánea (p. 74) es una creación de 1987 de Júlio Resende. Decora el acceso al Túnel da Ribeira y está dedicado a la vida y las dificultades de las comunidades ribereñas de Oporto.

10 Banco de Materiais
🗺 F3 📍 Praça Carlos Alberto 71
museudoporto.pt

El Banco de Materiales es una iniciativa del gobierno municipal cuyo objetivo es facilitar a los propietarios de casas y viendas los azulejos para conservar sus inmuebles.

famosos azulejos
de la Sé do Porto

TOP 10
ARTISTAS DEL AZULEJO

1. António Vidal Rifarto
Los azulejos de la sala capitular de la Sé se atribuyen a este artista de Coimbra.

2. Marcal de Matos
Este pintor de azulejos del siglo XVI fue el primero en utilizar la técnica de la mayólica en obras como *Susana y los viejos* (1865).

3. António da Costa Lamego
Este artista ceramista del siglo XIX fundó la fábrica de azulejos Viúva Lamego en Lisboa en 1849, que produjo azulejos para la Capela das Almas.

4. Valentim de Almeida
La obra de este artista decora el claustro de la Sé, donde creó escenas pastoriles con influencias chinas.

5. António de Oliveira Bernardes
Oliveira Bernardes está considerado el gran maestro del azulejo narrativo e inspiró a numerosos imitadores.

6. Silvestre Silvestri
Los azulejos de este artista, que representan la fundación de la orden carmelita en la Igreja do Carmo, fueron realizados por artesanos de Vila Nova de Gaia.

7. Carlos Branco
Branco colaboró con Silvestri en la decoración de la Igreja do Carmo, pintando azulejos con diseños de Silvestri.

8. Joana Vasconcelos
Vasconcelos, una de las artistas contemporáneas más famosas de Portugal, es famosa por su enorme mural compuesto de 8.000 azulejos pintados a mano.

9. Júlio Resende
Este pintor portuense diseñó azulejos en un estilo moderno. Sus murales decoran numerosos edificios contemporáneos.

10. Jorge Colaço
Conocido por sus grandes paneles, Colaço representó paisajes románticos y escenas de la historia portuguesa.

**El artista portugués
Jorge Colaço**

MUSEOS Y GALERÍAS

1 Centro Português de Fotografia

En la planta superior de este edificio, antaño una cárcel *(p. 79)*, se exponen antiguas cámaras y equipo fotográfico. Las celdas albergan una galería donde se exponen grabados en blanco y negro de los primeros tiempos de la fotografía y obras de creadores del siglo XXI procedentes de todos los rincones del antiguo Imperio portugués.

2 Museu da Misericórdia do Porto

Este museo *(p. 72)* está dedicado a la obra de la Santa Casa da Misericórdia, una institución benéfica del siglo XVI.

Destaca una enorme pintura renacentista titulada *Fons Vitae*, que se atribuye al artista flamenco Colijn de Coter.

3 Museu do Carro Eléctrico

Este museo *(p. 79)* muestra la historia de los tranvías eléctricos de Oporto –el primer transporte público en la península Ibérica– a través de una colección de vehículos antiguos, entre los que se encuentra el tranvía más antiguo de la ciudad. La Sociedade de Transportes Colectivos de Porto mantiene en uso estos vehículos de las rutas 1, 18 y 22 por el centro de la ciudad.

4 Galeria da Biodiversidade

🅑 B2 🏛 Jardim Botânico do Porto, Rua do Campo Alegre 1191 ⏰ 10.00–13.00 y 14.00–18.00 ma-do (última admisión: 17.30) 🌐

Este museo, ubicado en el Jardim Botânico do Porto *(p. 56)*, combina de manera interesante ciencia y arte. Cuenta con exposiciones interactivas e instalaciones multimedia que ayudan a sumergirse en los distintos aspectos de la biodiversidad, desde los ecosistemas y las especies a las variaciones genéticas. El museo subraya la importancia de conservar la biodiversidad y la concienciación ecológica.

Fons Vitae, Museu da Misericórdia do Porto

Una de las salas del Centro Português de Fotografia

5 World of Discoveries

Este museo *(p. 79)*, dirigido a familias con niños pequeños, relata los viajes de exploradores portugueses como Bartolomeu Dias, Vasco de Gama y Fernando de Magallanes, y de su mecenas el Infante Dom Henrique.

6 Museu dos Transportes e Comunicações

Las grandes estancias de la antigua Casa de Aduanas de Oporto, donde se almacenaba la carga de hasta 40 barcos, acogen este museo sobre el transporte y el comercio *(p. 80)*. Entre las exposiciones se incluyen antiguos coches usados por presidentes de Portugal y un colorido *video mapping*.

7 Museu da Cidade-Extensão do Romantismo

En la primera mitad del siglo XIX, la realeza disfrutaba de la hospitalidad del adinerado exportador de oporto António Ferreira Pinto Basto en esta elegante mansión *(p. 35)*. Tras su remodelación en 2018, ofrece una entretenida muestra sobre la vida de la burguesía portuense.

8 Casa do Infante

🔲 F5 🏠 Rua Alfândega 10
🕐 10.00–17.30 ma-do 🔲

Se cree que el príncipe más famoso de Portugal nació en esta casa en 1394. El Infante Dom Henrique impulsó las expediciones y la expansión que convertiría a Portugal en un imperio internacional. El edificio contiene exposiciones que se remontan a la época romana.

9 Museu de Serralves

Las líneas sencillas y las formas geométricas del modernista Museu de Serralves *(p. 36)* contrastan con la voluptuosa vegetación y los serpenteantes senderos de los jardines circundantes. En su interior hay una colección de arte moderno que abarca 70 años de historia.

10 Museu Nacional Soares dos Reis

O Desterrado, la obra más famosa del prolífico escultor António Soares dos Reis (1847-1889), es la joya de esta colección *(p. 40)*, creada en 1833 para reunir los tesoros de las instituciones religiosas disueltas en las décadas anticlericales de principios del siglo XIX. En ella, los ornamentos litúrgicos de oro y plata rivalizan con cerámicas y lacados de China y Japón, vestigios del imperio de Portugal.

Crucifijo, Museu Nacional Soares dos Reis

PARQUES Y PLAYAS

La bonita costa atlántica cercana a Oporto

1 Praia dos Ingleses
🅟 P4 🄰 Foz do Douro

El paseo marítimo de esta larga playa de arena en la desembocadura del Duero está bordeado de elegantes bares y cafés. Es la playa más cercana al centro de la ciudad, así que los fines de semana de verano se llena de portuenses. La Praia da Luz, también muy popular, es el lugar ideal para disfrutar de un cóctel por la tarde.

2 Jardim do Morro
Las palmeras otorgan un aire tropical al Jardim do Morro (p. 93), en Vila Nova de Gaia. Está por encima del río y se puede acceder en teleférico. Es un lugar ideal para ver el atardecer con una increíble vista del Duero, además de un destino popular entre la juventud local.

3 Jardim do Passeio Alegre
Este parque municipal (p. 101) con enormes árboles se creó en el siglo XIX junto a la desembocadura del Duero. El campo de minigolf lo convierte en un destino frecuentado por familias que viven en la zona, y la bandada de periquitos que habita en él le da un toque ligeramente tropical.

4 Jardim Botânico do Porto
El jardín Botánico de Oporto (p. 87), instalado en los terrenos de una antigua quinta, es un paraíso donde crecen camelias y florecen plantas tropicales, subtropicales y del desierto entre cuidados setos y bonitos estanques y fuentes.

5 Jardim da Cordoaria
🅟 F4 🄰 Campo dos Mártires da Pátria 🄳 Diario

Este parque urbano de 1865, también conocido como Jardim de João Chagas, ofrece zonas de césped y senderos arbolados en torno a un estanque. Alberga cuatro series de esculturas del artista español Juan Muñoz, entre las

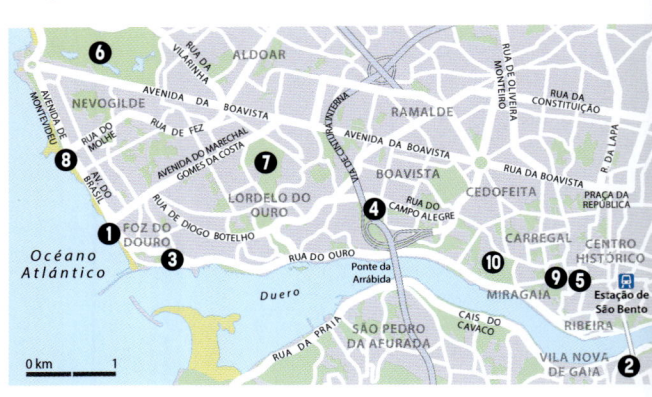

Bonito paseo arbolado del Jardim da Cordoaria

que se incluye la fascinante *Trece riéndose unos de otros,* instalada en el parque en 2001.

6 Parque da Cidade do Porto

El gran Parque da Cidade (*p. 101*) es el mayor espacio verde de Oporto y el parque urbano más grande de Portugal. Este espacio de 83 ha, con lagos ornamentales, zonas boscosas, senderos y rutas para bicicletas con vistas al océano Atlántico, se creó en la década de 1990 y recuerda los abruptos y rocosos paisajes verdes de la región de Minho, al norte de Portugal.

7 Parque de Serralves

Las zonas de césped, topiaria y paseos con cipreses de este aristocrático jardín (*p. 36*) fueron creados en la década de 1920 por Carlos Alberto Cabral, conde de Vizela, y desde 1996 proporcionan un verde telón de fondo a los edificios modernistas del Museu de Serralves. Sus más de 200 especies de árboles y arbustos autóctonos y no autóctonos aportan colorido y verdor durante todo el año.

8 Praia do Molhe

Aunque sea popular entre los portuenses, la Praia do Molhe (*p. 102*), con un fuerte oleaje atlántico, rocas y menos de 200 m de arena pedregosa,

es una playa más para la contemplación y el paseo que para nadar y tomar el sol. Por suerte, hay muchos cafés y bares desde los que admirar la vista y el atardecer.

9 Parque das Virtudes

Este pequeño paraíso (*p. 82*) se extiende por encima del río, cubriendo una ladera abancalada. Las terrazas que miran hacia el oeste son magníficas para contemplar el sol sobre el Atlántico, lo que atrae a multitud de portuenses. Hay muchos restaurantes en los alrededores.

10 Jardins do Palácio de Cristal

El Palácio de Cristal de Oporto (*p. 34*) se construyó en 1861 a imitación del Crystal Palace de Londres, creado en 1851 para la Exposición Universal, pero fue demolido en la década de 1950. Aún se conservan sus jardines, cuyos amplios paseos arbolados, fuentes y topiaria son uno de los destinos favoritos entre turistas y locales.

Fuente, Jardins do Palácio de Cristal

ACTIVIDADES AL AIRE LIBRE

1 Escalar el puente de Oporto
Escalar el Ponte da Arrábida (*portobridgeclimb.com*) no es para miedosos, pero ofrece unas vistas increíbles para los que se atreven a hacerlo. El mejor momento para ponerse el arnés de seguridad y ascender los 65 metros del puente es al atardecer, cuando las vistas de Oporto son más espectaculares.

2 Avistamiento de aves
🗺 K2 🕐 Centro de interpretación: 9.00-18.00 diario (invierno: hasta 17.00)
Situada en la ruta migratoria del Atlántico Oriental, la Reserva Natural Local do Estuário do Douro (*p. 96*) es un lugar privilegiado para la observación de aves. Se pueden avistar aves zancudas, gaviotas o la brillante lavandera boyera, que suele aparecer en verano.

3 Crucero por el Duero
Los *rabelos* que antaño transportaban vino desde los viñedos hasta Vila Nova de Gaia ahora llevan a los visitantes por el río Duero. Se puede realizar el popular crucero por los Siete Puentes, que en aproximadamente una hora recorre los puentes más emblemáticos de Oporto, o adentrarse hasta el corazón del valle del Duero.

4 Fútbol
El FC Porto (*fcporto.pt*), principal equipo de Oporto, juega en el Estádio do Dragão. Cuando ganan, sus aficionados se reúnen en la Avenida dos Aliados. Se pueden comprar entradas para los partidos en temporada (ago-may) y visitar el estadio durante todo el año.

5 Ciclismo
Aunque las sinuosas calles de Oporto no son ideales para ir en bicicleta, la ribera del río sin duda lo es. Biclas & Triclas (*tricla.pt*) ofrece visitas guiadas por el Duero, mientras Dourobike (*dourobike.com*) recorre el paseo marítimo de Foz do Douro. También se pueden alquilar bicicletas para recorridos independientes.

6 Paseo y senderismo
A pesar de sus calles empinadas, pasear por Oporto es un placer gracias a las hermosas muestras arquitectónicas que surgen en cada esquina. En Foz do Douro (*p. 100*) y Matosinhos se puede caminar junto al mar, y también está la opción de unirse a los peregrinos del Camino de Santiago.

Típico barco *rabelo* en el Duero

Disfrutando de las olas en la Praia de Matosinhos

7 Surf

Las fuertes olas del Atlántico esperan en la extensa Praia de Matosinhos, fácilmente accesible en metro. Aquí se encuentra la escuela de surf Surfing Life *(surfinglifeclub.com)*, que ofrece clases particulares y en grupo, incluidas opciones para familias.

8 Pádel surf

Porto Sup Tours *(porto-sup-tours.com)* recoge a los clientes en la ciudad y los lleva a una zona pintoresca del Duero, alejada de grandes barcos, para remar tranquilamente sobre una tabla SUP.

9 Karts

Oporto cuenta con varias pistas de velocidad de karts. Fundado en 1979, el Kartódromo Cabo do Mundo *(cabodomundokarting.pt)* es la pista más antigua del país y cuenta con tres recorridos al aire libre diferentes. Por su parte, el Kart Center de Matosinhos *(kartcentermatosinhos.com)* dispone de una gran pista cubierta, la opción ideal para disfrutar un día de lluvia.

10 Paseos en tranvía

Los históricos tranvías de Oporto recorren una ruta panorámica desde el centro de la ciudad hasta el barrio de Foz do Douro. El 1 sale de la estación de Infante, frente a la Igreja de Sao Francisco, y el 18 de las cercanías de Clérigos. Ambos paran en Passeio Alegre, a un corto paseo de la playa. Los billetes se compran a bordo.

TOP 10
PASEOS

1. Ciclovia da Foz
Ruta de 5 km para recorrer en bicicleta o a pie, desde Parque da Cidade *(p. 101)* hasta Foz da Ribeira da Granja.

2. Marginal de Matosinhos
Paseo marítimo con acceso directo a la playa, muy frecuentado por corredores y ciclistas.

3. Ciclovia da Marginal de Gaia
Red de 20 km de carriles bici desde la ciudad hasta la costa.

4. Trilho do Rio Febros
Esta ruta sale del Parque Bológico de Gaia *(p. 96)* y pasa por antiguos molinos de viento y senderos arbolados.

5. Passadiços de Arcozelo
Una ruta fácil que une la costa arenosa de Praia de Miramar con la más exuberante Ribeira do Espírito Santo.

6. Quinta do Covelo
Parque situado al noreste de la ciudad con una pista de dirt jump BTT, parque infantil y varios senderos.

7. Caminhos do Romântico
Románticos senderos alrededor de Massarelos para pasear por calles empedradas y jardines decimonónicos.

8. Parque Oriental da Cidade
Segundo parque más grande de Oporto, con senderos sombreados junto al río Tinto para recorrer a pie y en bici.

9. Caminho Português da Costa
🆆 caminhoportuguesdacosta.com
Tramo costero del popular Camino de Santiago que une Oporto y Santiago de Compostela.

10. Parque da Cidade
Extenso parque con numerosas rutas ciclistas que serpentean entre lagos y praderas *(p. 101)*.

En bicicleta por Foz do Douro

FUERA DE LAS RUTAS HABITUALES

1 Galeria da Biodiversidade

🏠 B2 📍 Jardim Botânico do Porto
🕐 10.00–18.00 ma–do 🌐 mhnc.up.pt/galeria-da-biodiversidade

Vale la pena pagar una pequeña entrada para acceder a este museo situado en los jardines botánicos de Oporto *(p. 87)*. Sus colecciones temáticas e interactivas abarcan desde la evolución de las especies hasta las características culturales, entrelazando ciencia y arte.

2 GLAD

🏠 C1 📍 Rua António Bessa Leite 1468 🌐 beglad.pt

Este taller artesanal perfecciona todo el proceso de confección del chocolate, desde sus originarias tabletas con un 70 % de cacao a versiones con sabores como café o frambuesa. Se puede asistir a una cata o hacer su propio lote.

3 Alfândega do Porto

🏠 E4 📍 Rua Nova da Alfândega 🌐 ccalfandegaporto.com

Ocupada parcialmente por el Museu dos Transportes e Comunicações *(p. 80)*, la antigua aduana de Oporto también acoge espectáculos

multimedia. Anteriores exposiciones transformaron las paredes del edificio con pinturas de Van Gogh, faraones egipcios y personajes históricos de Oporto.

4 Palacete Silva Monteiro

🏠 E4 📍 Rua da Restauração 318
🕐 17.30 sá para visitas; obligatorio reservar 🌐 vinhoverde.pt 🔗

La Comisión del Vino Verde tiene su sede en Oporto. Ubicada en un palacio del siglo XIX, la Casa do Vinho Verde es el lugar perfecto para degustar este famoso vino *(p. 62)*, con visitas de cerca de una hora que terminan con una cata de dos vinos en los jardines.

5 Gazete Azulejos

🏠 H4 📍 Rua do Duque de Palmela 230 🕐 Los horarios varían; consultar página web 🌐 gazeteazulejos.com 🔗

Situado en el creativo barrio de Bonfim, este estudio organiza talleres de pintura de azulejos. Los visitantes aprenden a pintar dos azulejos basados en los estilos de las fachadas históricas de la ciudad y los recogen al día siguiente de cocerlos.

Vistas desde el Miradouro da Vitória

8 Quarteirão Cultural Miguel Bombarda

E3

La Rua de Miguel Bombarda y sus alrededores, el barrio artístico de Oporto, están repletos de galerías, arte urbano y cafés de moda, el lugar perfecto para comprar recuerdos, tomar un café y charlar con artistas. En las anuales Inaugurações Simultâneas una serie de exposiciones, talleres y visitas a galerías abren simultáneamente.

6 Miradouro da Vitória

F4 **Rua de São Bento da Vitória 11**

Situado en la antigua judería de Oporto, este mirador escondido ofrece una magnífica vista panorámica de la catedral y la ribera del Duero. Se puede acceder desde la Rua da Vitória, donde se encontraba la sinagoga, o subiendo los escalones que salen de la Rua de Belomonte.

9 Conservas Pinhais

N1 **Avenida Menéres 700** **conservaspinhais.com**

La visita a Conservas Pinhais, una fábrica de conservas de sardinas, recorre la historia de este negocio familiar centenario y muestra el proceso de enlatado, desde la selección de las especias al envasado y embalaje manual de las latas, para terminar con una deliciosa degustación.

7 Casa São Roque

L1 **Rua São Roque da Lameira 2092** **12.00–18.00 mi–lu** **casasroque.art**

Esta mansión del siglo XIX está repleta de arquitectura modernista, incluido un jardín acristalado. Actualmente contiene un museo de arte contemporáneo, una librería y una tienda de vinos en la que hacer una pausa y degustar un oporto tras visitar la exposición.

10 Feira da Vandoma

L1 **Avenida 25 de Abril** **8.00–13.00 sá**

El mercadillo más popular de Oporto evita las baratijas y se decanta por los vinilos, libros antiguos y mapas interesantes. Anteriormente en el centro de la ciudad, ahora se dispone en el barrio oriental de Campanha, a diez minutos a pie de la estación de metro de Dragao.

OPORTO EN FAMILIA

1 Planetário do Porto
Este planetario y centro científico ofrece un espectáculo de 40 minutos bajo una cúpula de 12,5 m que mantendrá entretenidos a los futuros astronautas y astrónomos de la familia *(p. 82)*.

2 Pavilhão da Água
Los niños interesados en la protección del planeta y sus ecosistemas quedarán fascinados con este vanguardista centro de visitantes *(p. 104)*. El pabellón, reabierto en 2019 tras una profunda renovación, ofrece interesantes muestras interactivas que, de forma divertida y accesible,

ponen en un contexto global el entorno y los problemas ambientales del río Duero.

3 Jardim do Passeio Alegre
El campo de minigolf es la principal atracción para los jóvenes visitantes de este parque *(p. 101)* situado en el barrio costero de Foz do Douro. Hay también una zona de juegos infantiles donde los más pequeños pueden pasar el rato en balancines y tiovivos.

4 World of Discoveries
Los niños que visitan este museo y parque temático familiar *(p. 79)* quedan sorprendidos al descubrir lo apretados que viajaban los navegantes portugueses a través de los mares del mundo en el siglo XV. También les encanta el divertido paseo en barca por la recreación de una selva tropical.

5 Museu das Marionetas
En este interesante museo situado junto al Teatro das Marionetas do Porto *(p. 82)*, en Miragaia y Massarelos, los más pequeños pueden

Marioneta a tamaño real del Museu das Marionetas

#LOJADASTABUAS

aprender sobre la historia de las marionetas y su manejo. Tanto niños como adultos pueden disfrutar también de las tradicionales marionetas portuguesas en originales espectáculos.

6 Praia do Homem do Leme

N9 Ave de Montevideu

Las familias con ganas de pasar un rato en la playa disfrutarán de esta pequeña bahía con arena dorada y zonas rocosas alrededor, donde se forman pequeñas balsas cuando baja la marea. Las aguas están resguardadas, por lo que es una playa popular entre las familias jóvenes.

7 Espectáculos multimedia

La Igreja dos Clérigos (p. 28) y la Alfândega do Porto, adyacentes al Museo dos Transportes e Comunicações (p. 56), ofrecen coloridas experiencias de *videomapping*, con espectáculos de luz y sonido de unos 30 minutos de duración que cambian cada pocos meses. Espectáculos anteriores han incluido experiencias inmersivas centradas en las pinturas de Van Gogh y en los poemas del escritor portugués Fernando Pessoa.

8 Parque de Serralves

Este atractivo espacio ajardinado (p. 36) con cuidado césped, fuentes, arbustos y zonas boscosas es un lugar seguro y agradable en el que los niños pueden interactuar con esculturas al aire libre, además de jugar entre la vegetación.

9 Teleférico de Gaia

Si a los niños les gustan las alturas, nada mejor que un billete para el Teleférico de Gaia (p. 94). En los cinco minutos de trayecto se les ofrecerá una vista de pájaro de Oporto y Vila Nova de Gaia. Para que la experiencia sea inolvidable hay que tomar el último teleférico (oct-mar: 17.30; may-sep: 19.30) para ver la puesta de sol desde el Jardim do Morro, al final del viaje.

10 Piscina das Marés

J1 Ave da Liberdade, Matosinhos Jun-sep: 9.00-19.00 diario matosinhosport.com

Las playas atlánticas de Oporto, con sus aguas a menudo revueltas y frías, no resultan ideales para las familias, pero estas piscinas con agua salada son perfectas para pasar un día de verano. Están construidas en las rocas y hay una para niños y otra para adultos y jóvenes.

La Piscina das Marés, diseñada en los años 1960

COMIDA LOCAL

Francesinha con salsa
de tomate y cerveza

1 Francesinha
Este peculiar sándwich portuense no es para cobardes. Las rebanadas de pan se rellenan con lonchas de jamón, salchichas y un filete, se cubren con queso fundido y un huevo frito y por último se bañan con una salsa de tomate y cerveza. El bocadillo se sirve con patatas fritas.

2 Tarte de amêndoa
Los almendros que cada primavera visten de blanco las laderas del Duero proporcionan el ingrediente principal para este apreciado dulce de Oporto. Esta tarta de costra crujiente se elabora con una mezcla de almendras en láminas, azúcar, mantequilla, huevos y leche, que se hornea y decora con almendras picadas.

3 Petiscos
Para probar varios platos a la vez, lo mejor es pedir una ronda de *petiscos* (tapas), unas pequeñas raciones de especialidades portuguesas para compartir. Normalmente se incluyen en la carta bajo su propia sección o como entrantes en tabernas tradicionales o locales de lujo, que ofrecen versiones contemporáneas. Pueden ser una combinación de carnes y pescados y mariscos.

4 Alheira
Este picante embutido ahumado, en su origen una salchicha *kosher* elaborada por la comunidad judía de Oporto, se prepara con carne de pollo, conejo, pavo o caza de las tierras de Trás-os-Montes. Se cocina a la parrilla y se sirve con arroz, patatas fritas y un huevo frito.

5 Toucinho do céu
El tocino de cielo es un inconfundible postre regional que se elabora a base de almendras y huevos. Aunque el ingrediente secreto de la receta es la manteca de cerdo, que aporta suavidad a la mezcla y otorga nombre a este manjar dulce.

6 Bolinhos de bacalhau
Estos deliciosos buñuelos están elaborados con bacalao seco, puré de patata y huevo cocido. Es la manera portuense de preparar el *bacalhau* (bacalao), un pescado que se sirve en todas partes y que es casi el plato nacional de Portugal.

Torre de deliciosos
bolinhos de bacalhau

**Sardinhas grelhadas
recién asadas**

7 Sardinhas grelhadas

Las sardinas pescadas en aguas locales son una deliciosa especialidad. En el distrito de Matosinhos, famoso por sus conservas de sardinas, se pueden comprar unas cuantas latas para llevar a casa o para degustar al momento, mientras las sardinas asadas son el plato típico del festival de São João.

8 Pastéis de Chaves

Estos pasteles salados con forma de media luna se elaboran con masa de hojaldre y están rellenos de carne picada de ternera. Los tradicionales *pastéis de Chaves* se preparan solo en la pequeña localidad de Chaves, a unos 160 km al este de Oporto, aunque se pueden encontrar por toda la ciudad.

9 Tripas à moda do Porto

A los habitantes de Oporto se les llama *tripeiros* (comedores de callos), un apodo surgido de este plato, el más representativo de la ciudad. Los menús locales lo incluyen desde el siglo XV, cuando se reservaban los mejores cortes de carne para las tripulaciones del Infante Dom Enrique, dejando al pueblo solo las vísceras. Con la expansión del imperio, llegaron nuevos sabores para aderezar la receta. Este guiso picante con callos, mano de cerdo, salchichas, pollo y judías se aromatiza con comino, clavos y curri.

10 Broa de Avintes

Este pan redondo y oscuro se elabora con harina de centeno y tiene su origen en Avintes, una pequeña localidad al sureste de Oporto. La masa se hornea hasta 6 horas para conservar su textura húmeda e intenso sabor. Se sirve como acompañamiento de jamón, salchichas, queso y sopas.

TOP 10 *PETISCOS*

1. Cachorrinho
Un perrito caliente tostado, cortado en bocaditos. Acompañado de una cerveza fría, es un delicioso aperitivo.

2. Carapau
Los filetes de caballa en conserva son un manjar que se sirve directamente de la lata con pan reciente.

3. Polvo
El pulpo se cuece hasta que está tierno, se aliña con cebolla y perejil y se sirve frío.

4. Amêijoas
Las almejas se sirven calientes con un caldo de mantequilla y ajo.

5. Choquinhos
Las sepias pequeñas *(choqinhos)* se hacen a la parrilla y las grandes *(chocos)* suelen guisarse con cebolla, tomate y aceite de oliva.

6. Bifana
Este bocadillito de pan crujiente está relleno de carne de cerdo asada, laminada y aliñada con especias y ajo.

7. Pica-Pau
Esta popular bandeja con quesos, embutidos y salchichas ahumadas suele acompañarse con diversos encurtidos dulces.

8. Moelas
Las mollejas de pollo se guisan con vino, hierbas aromáticas, ajo y tomate y se sirven acompañadas de pan reciente.

9. Pataniscas
Estos sencillos y deliciosos buñuelos se preparan con una mezcla de bacalao salado, cebolla y perejil.

10. Caracóis
Los caracoles se cocinan en un aromático caldo. Es un plato muy popular en verano y lo mejor es acompañarlos con cerveza fría.

VINOS DE OPORTO

Barricas de oporto añejo en la bodega de una *quinta*

1 Tawny

Con un color que varía del ámbar al marrón, los oportos Tawny suelen tener un sabor a nuez que procede de la oxidación controlada en barricas o cubas. Existen dos versiones: Colheita (de una añada concreta) o Tawny añejo, con una etiqueta que indica la edad media de los vinos utilizados para elaborar la mezcla (de 10 a 40 años) y no los años de envejecimiento.

2 Ruby

Como su nombre indica, este vino se reconoce por su rojo intenso. El Ruby es un oporto joven que suele envejecer menos de tres años en barrica. Su dulzura hace que maride bien con chocolate amargo o con un queso brie fuerte.

3 Oporto blanco

Elaborado con variedades de uva blanca, el oporto blanco varía del seco *(seco)* al muy dulce *(doce)*. La fermentación suele realizarse en depósitos de acero inoxidable, aunque algunas bodegas siguen utilizando barricas de roble. Se puede tomar como aperitivo o añadirle un chorrito de tónica.

4 Late Bottled Vintage

Al igual que un Vintage, el Late Bottle Vintage (o LBV) es un vino de una sola cosecha que se envejece en barrica durante un poco más de tiempo de lo habitual (de cuatro a seis años) antes de ser embotellado. Su sabor es más suave que el de un Vintage y su precio más asequible.

5 Vinho verde

El *vinho verde* (vino verde), un clásico del verano, procede de la zona del Miño, justo tras los límites de la ciudad de Oporto. Para su confección se utilizan uvas autóctonas como *alvarinho*, *azal* y *lourinho*. A diferencia de otros vinos que requieren envejecimiento, el *vinho verde* debe beberse inmediatamente y se presenta en versión blanco, tinto y rosado. Se distingue por ser ligeramente espumoso antes debido al proceso de fermentación y ahora creado artificialmente.

Ondulados viñedos del valle del Duero

6 Bairrada

La zona vinícola atlántica de la región de Beira, al sur de Oporto, produce tintos ricos elaborados principalmente a partir de la uva portuguesa *baga*. Aquí también se crían espumosos como Aliança y Messias.

7 Terras do Dão

La región de Dão, al sur de Oporto, tiene suelos graníticos y está algo olvidada dentro del panorama vinícola portugués. Sus bodegas, que suelen ser más pequeñas, producen tintos robustos y complejos perfectos para acompañar carnes a la brasa.

8 Moscatel de Favaios

El oporto no es el único vino fortificado que se produce en el Duero; también está el moscatel. Fabricado con uvas moscatel, principalmente en los alrededores de Favaios, esta otra versión dulce es un buen aperitivo o digestivo. Entre las muchas bodegas que lo producen, destaca Adega de Favaios.

9 Mateus Rosé

Este rosado fácil de beber procedente del bajo Duero, muy famoso en la década de 1970, ha sufrido una transformación para adaptarse a los gustos del siglo XXI. Se elabora en Sogrape, que también es la propietaria de Sandeman, y se puede degustar en la Casa Mateus de Vila Real (la propiedad que aparece en la etiqueta de la botella), aunque no se elabora allí.

Mateus Rosé

10 Douro Branco y Douro Tinto

Los vinos tintos con mucho cuerpo que producen los viñedos del Duero, los Douro Tinto, no son tan conocidos como los vinos de Oporto elaborados con las mismas uvas, aunque sean igual de buenos. El sol intenso y los suelos rocosos también nutren variedades de uva que producen vinos blancos muy secos y minerales, conocidos como Douro Branco.

OPORTO GRATIS

1 Fortaleza de São João Baptista da Foz

En este formidable castillo con torretas junto al mar (p. 103) en ocasiones se ofrecen exposiciones de arte gratuitas. Los visitantes pueden deambular libremente por el interior de la robusta muralla de granito, cuya construcción duró un siglo. La serena iglesia de San Juan Bautista, del siglo XVI, contrasta con el entorno militar.

2 Paseos guiados

Los guías locales de Porto Walkers realizan paseos guiados gratuitos en español de 3 horas de duración por el casco histórico. Se pasa por la mayoría de los principales monumentos y también se descubren algunas de las joyas menos conocidas de la ciudad. Aunque la visita es gratuita, es habitual dejar una propina al finalizar.

3 Casa-Museu Teixeira Lopes

La antigua residencia y estudio del arquitecto José Teixeira Lopes contiene una bella colección de arte contemporáneo, porcelana asiática, escultura y máscaras y estatuas africanas (p. 94).

4 Sala Sandeman

☑ F5 🏠 Largo Miguel Bombarda 47 🕐 10.00–18.00 diario ⓦ sandeman.eu

Cuadros, grabados, cerámica, botellas y fotografías antiguas recorren la historia de una de las principales dinastías del oporto en Vila Nova de Gaia desde finales del siglo XVIII hasta la actualidad.

5 Banco de Materiais

Este centro de diseño, estudio de artesanía y tienda (p. 72) fue creado por el Gobierno Municipal de Oporto para ayudar a preservar el patrimonio arquitectónico de la ciudad y sus icónicos azulejos. Es el lugar perfecto para admirar estas coloridas cerámicas y descubrir su historia.

6 Centro Português de Fotografia

Este museo gratuito (p. 79), al que acuden muchos aficionados a la fotografía, está instalado en una antigua prisión y sus exposiciones ocupan las celdas. El edificio también alberga interesantes muestras con equipos fotográficos antiguos y exposiciones temporales de fotografía histórica y contemporánea.

Pavo real en los apacibles Jardins do Palácio de Crist

**Peatones sobre
el Ponte Dom Luís I**

7 Ponte Dom Luís I

G5 **Avenida de Vímara Peres**
Cruzar el Ponte Dom Luís I, un logro
de la ingeniería que sigue resultando
tan impresionante como cuando
Theophil Seyrig –socio de Gustave
Eiffel– lo diseñó en 1816, es gratis.
La vista del centro de la ciudad y Vila
Nova de Gaia desde la plataforma
superior, por donde circula el metro,
es espectacular.

8 Estação de São Bento

El interior de la estación central de
trenes de Oporto (p. 42) está cubierto
de vistosos paneles de azulejo creados
por el famoso artista Jorge Colaço. La
estación, construida en 1916, es un
verdadero museo gratuito del azulejo.

9 Orquesta Sinfónica do Porto

Se puede escuchar a la Orquesta
Sinfónica de Oporto de forma gratuita
en los ensayos que realiza para sus
actuaciones en el auditorio de la Casa
da Música (p. 32), normalmente entre
enero y julio.

10 Jardins do Palácio de Cristal

Los jardines del Palácio de Cristal son
de acceso libre. Aunque el palacio ya
no exista, las fuentes, zonas de césped
y senderos ofrecen un entorno
agradable para escapar del bullicio de
la ciudad (p. 34).

TOP 10 OPORTO A BUEN PRECIO

Barco turístico en el río Duero

1. Porto City Card
Esta tarjeta (booking.visitportoand
north.travel) incluye la entrada a seis
museos, descuentos para visitar otras
atracciones, museos y bodegas de
oporto durante 96 horas.

2. Douro River Ferry
Este antiguo ferri de pasajeros
(www.dourorivertaxi.com) resulta
divertido y mucho más barato que un
recorrido en barco.

3. Almuerzo económico
El Mercado Bom Sucesso (p. 88) ofrece
buena relación calidad/precio.

4. Visitas en temporada baja
Entre octubre y marzo los precios de los
billetes de avión y el alojamiento son
más bajos.

5. Iglesias
Las iglesias de Oporto no cobran
entrada, pero agradecen que se deje un
donativo o se encienda una vela.

6. Arte urbano
En calles como Rua Miguel Bombarda y
Rua da Restauração (p. 88) se
encuentran murales artísticos.

7. Entrenar en el parque
Muchos parques tienen aparatos para
ejercitarse y senderos para correr.

8. Evitar los restaurantes de fado
Si se viaja con un presupuesto ajustado,
es mejor evitar las casas de fado, que
suelen cobrar un importante
suplemento.

9. Museos urbanos
Los museos gestionados por el ayuntamiento de Oporto son gratuitos siempre.

10. Yellow Bus Tours
Los billetes del autobús amarillo sirven
para ahorrar en visitas, cruceros por el
río y experiencias poco concurridas
(www.yellowbustours.com/en/porto).

FESTIVALES Y EVENTOS

Un brindis durante la Essência do Vinho

1 Essência do Vinho
Feb ⓦ essenciadovinho.com ↗

El principal evento de Portugal para amantes del vino incluye catas, charlas y experiencias gastronómicas. Están representados vinos elaborados desde las laderas del Duero hasta la región de Minho.

2 Queima das Fitas do Porto
May

Justo antes de que lleguen los exámenes finales, los universitarios de Oporto celebran su graduación y el final del año académico con la tradicional quema de las cintas, un vistoso desfile que recorre Oporto desde el Parque da Cidade (p. 101) hasta el ayuntamiento. Los alumnos del último curso acuden con bastones y sombreros de copa con el color de su facultad, los del segundo año visten capas y los del primer año se ponen disfraces.

3 Festa do Senhor de Matosinhos
Fin may–med jun ⓦ leca-palmeira.com

Esta fiesta era en su origen una solemne celebración religiosa en la que se paseaba la imagen de Jesucristo por

Estudiantes graduados en la Queima das Fitas do Porto

las calles de Matosinhos, pero ahora es un evento multicultural de 3 semanas con desfiles, fados, músicas del mundo y fuegos artificiales.

4 Fiesta de la Cerveza de Oporto
Segunda semana de jun

Más de 340 cervezas artesanas en un festival al aire libre que se celebra en los jardines del Museu Nacional Soares do Reis.

5 Festa de São Pedro da Afurada
Fin jun

Las sardinas son el elemento central de esta fiesta en la comunidad pesquera de Afurada. Las imágenes de São Pedro, patrón de los pescadores, Santo António y São João –los santos populares– se pasean en procesión por las calles, y luego hay pescado, fuegos artificiales y baile.

6 Festa de São João
23–24 jun

São João, el patrón de Oporto, es honrado con espectaculares fuegos

artificiales a medianoche, conciertos gratuitos y diversión en las calles. A la mañana siguiente, una flotilla de *rabelos* recorre la orilla del río.

7 Feira do Livro do Porto
Fin ago-prin sep 🆆 feirado livro.porto.pt

Cada verano, cientos de libreros se instalan en los Jardins do Palácio de Cristal *(p. 34)* para celebrar la Feira do Livro do Porto, que además acoge conciertos, proyección de películas y recitación de poemas.

8 Maratón de Oporto
Nov 🆆 porto-marathon.com

Miles de atletas se reúnen para participar en esta prueba. Empieza y acaba en el Parque da Cidade.

9 Mercado de Natal
Dic

Cada Navidad, el Jardim da Cordoaria *(p. 52)* se transforma en un mercado repleto de artesanos, un tiovivo, una pista de hielo y una casa de Papá Noel.

10 Corrida de São Silvestre
Fin dic 🆆 runporto.com

Esta divertida carrera recorre el centro de la ciudad desde el ayuntamiento, en la Avenida dos Aliados, y es una cita ineludible para miles de personas.

TOP 10
EVENTOS ARTÍSTICOS

1. Fantasporto
Feb-mar 🆆 fantasporto.com
Este festival de cine atrae a aficionados de la fantasía y la ciencia ficción.

2. Dias da Dança
Fin abr-may
Bailarines de todo el mundo acuden a disfrutar de 3 semanas de coreografías.

3. Festival Internacional de Teatro de Expressão Ibérica
Med may 🆆 fitei.com
Este festival con obras de teatro de toda la península ibérica dura 2 semanas.

4. Bienal Fotografia do Porto
May-jul 🆆 bienalfotografia porto.pt
En esta bienal de fotografía, museos y espacios alternativos presentan sus exposiciones.

5. Serralves em Festa
Jun 🆆 serralves.pt
Serralves alberga este festival de 3 días con baile, teatro, música y cine.

6. NOS Primavera Sound
Jun 🆆 primaverasound.com
El Parque da Cidade do Porto es el escenario de este festival de música.

7. Feira da Alegria
Jun
Cada año, estudiantes de Bellas Artes y artistas emergentes montan sus puestos en los jardines de la Universidad de Oporto.

8. MEO Marés Vivas
Jul 🆆 maresvivas.meo.pt
Este festival de 3 días reúne a grandes nombres del rock, jazz y pop.

9. Festival Internacional de Marionetas do Porto
Oct 🆆 marionetasdoporto.pt
Este festival anual reúne a titiriteros de todos los rincones del mundo.

10. Porto Design Biennale
Oct-dic 🆆 portodesign biennale.pt
Exposiciones y talleres toman las galerías y talleres de Oporto y Matosinhos cada dos años.

RECORRIDOS

Calle adoquinada de Ribeira

RIBEIRA Y BAIXA

Sobre los hermosos edificios que concedieron al casco histórico de la ciudad el título de Patrimonio de la Humanidad por la Unesco se eleva la Sé do Porto. De esta maravillosa catedral medieval, encaramada sobre una colina que lleva habitada al menos tres milenios, parten las empinadas calles que descienden por el antiguo barrio de Baixa, ahora repleto de tiendas elegantes y modernas *boutiques*. Este laberinto de estrechas callejuelas y hermosas arcadas flanqueadas de altos edificios, que parece anclado en el pasado, conduce hacia el vibrante barrio de Ribeira y los muelles del Duero. Esta zona, repleta de bares y cafés, se convierte al anochecer en un animado escenario de músicos callejeros, así como en un hermoso telón de fondo para fotógrafos deseosos de capturar una inolvidable instantánea del Ponte Dom Luís I.

Para alojamientos en la zona, ver p. 114

Interior de la espectacular Estação de São Bento

1 Estação de São Bento

La inauguración de la estación central de trenes *(p. 42)* de Oporto en 1916 anunció la tardía entrada de la ciudad en el siglo XX. El exterior de la estación imita prodigiosamente la arquitectura típica en Francia durante la *belle époque*. El interior, sin embargo, es un glorioso homenaje a las artes decorativas portuguesas, con un vestíbulo cubierto de murales de azulejos que representan escenas de la historia de Portugal.

2 Igreja de Santa Clara

🔲 G4 🏠 Largo Primeiro de Dezembro 10 ⏲ 9.00–13.00 y 14.00–18.00 diario (los horarios varían dependiendo de los oficios religiosos; consultar página web) 🌐 santaclaraporto.pt

Tras una modesta fachada de estilo renacentista temprano, esta iglesia, construida a mediados del siglo XV para la orden de Santa Clara, oculta un interior profusamente decorado. Sus tallas doradas y policromadas sirven de homenaje a la genialidad de sus creadores. La iglesia cierra a las 17.00 para la misa los martes y sábados.

3 Igreja de São Francisco

Para dorar los fastuosos altares, columnas y paredes que esconde esta iglesia del siglo XVIII *(p. 26)* tras su sencilla fachada medieval, fue necesaria una increíble cantidad de oro. En este resplandeciente escenario se encuentra el *Árbol de Jessé,* esculpido por António Gomes y Filipe da Silva entre 1718 y 1721, el cual representa la genealogía de Jesucristo. Bajo la iglesia se encuentran las catacumbas, donde yacen los restos de monjes y sacerdotes.

Estatua, Igreja de São Francisco

4 Igreja de Santo Ildefonso
🗺 G4 🏠 Praça da Batalha
🕐 15.00–17.15 lu, 9.00–12.15 y 15.00–
17.15 ma-vi, 9.00–19.30 sá, 9.00–11.00
do 🌐 santoildefonso.org

Esta iglesia de origen antiguo, pero con un aspecto moderno, posee una llamativa fachada de azulejo que se añadió en 1932. El templo, reconstruido desde su consagración en 1739, ha tenido una historia turbulenta: sufrió daños durante un fuerte temporal en 1819 y fue alcanzada por la artillería durante el sitio de Oporto en 1832.

5 Cais da Ribeira
Si hay una imagen que represente a Oporto, es la de los edificios pintados de vivos colores que se aglomeran en precario equilibrio sobre el Cais da Ribeira *(p. 30)*, por encima de los muelles con arquerías del Duero.

6 Museu de Arte Sacra e Arqueologia
🗺 F4 🏠 Largo do Colégio
🕐 10.00–16.30 lu, 9.00–16.30 ma-vi,
10.00–11.30 y 13.30–17.30 sá
🌐 visitporto.travel 🔗

Este museo está ubicado en el Colégio de São Lourenço. Su impresionante colección de arte sacro y escultura abarca 700 años de historia, con obras que van desde el siglo XIII hasta la actualidad.

7 Museu da Misericórdia do Porto
🗺 F4 🏠 Rua das Flores 15
🕐 Abr-sep: 10.00–18.30 diario; oct-mar: 10.00–17.30 diario
🌐 mmipo.pt 🔗

Este museo está dedicado a una institución benéfica

Estatua, Museu da Misericórdia do Porto

Fachada cubierta de azulejos de la Igreja de Santo Ildefonso

surgida en el siglo XVI. La Santa Casa da Misericórdia fue la primera organización que ofreció atención médica a los habitantes pobres de Oporto, además de preocuparse por su bienestar espiritual.

8 Igreja y Torre dos Clérigos
La torre de 76 m de la Igreja dos Clérigos *(p. 28)*, construida en el siglo XVIII, se alza en lo alto de una colina. Subir los 225 escalones hasta el mirador merece la pena por las vistas.

9 Sé do Porto
Las paredes de esta antigua catedral *(p. 22)* están decoradas con paneles de azulejo. La Sé ha sufrido muchas modificaciones desde su fundación en el siglo XII, y la única reliquia destacable del edificio original es el bello rosetón de la fachada oeste. Una escalera del siglo XVII asciende a los pisos

ARTE URBANO DEL SIGLO XXI

Los muros de monumentos como la Igreja de Santo Ildefonso y la Sé son verdaderos museos al aire libre. En el siglo XXI, tienen que competir con un nuevo tipo de arte surgido en las paredes de Ribeira y Baixa. El arte urbano de Oporto recibió un impulso en 2013, cuando el alcalde Rui Moreira decidió dar visibilidad a los murales creados por artistas alternativos en calles como Rua da Trindade.

superiores, donde se exponen objetos de plata y otros tesoros. La terraza frente a la catedral ofrece buenas vistas.

10 Palácio da Bolsa

La opulencia es la principal característica de este enorme monumento al comercio y el capitalismo (p. 24). El edificio, construido para incentivar las inversiones en la floreciente economía de la ciudad, se finalizó en 1910 y sirvió de sede a la Bolsa de Oporto hasta finales del siglo XX. Destaca su enorme salón Árabe, una grandiosa estancia cuya arquitectura y ornamentación están inspiradas en la extraordinaria Alhambra de Granada.

Escalera principal del Palácio da Bolsa

UN DÍA EN RIBEIRA Y BAIXA

Mañana

Comienza el día subiendo a la **Torre dos Clérigos** para disfrutar de una vista panorámica de la ciudad. Atraviesa luego la **Praça da Liberdade** (p. 74) para admirar los azulejos de la **Estação de São Bento** (p. 71). Haz una parada para ver la fachada de la **Igreja de Santo Ildefonso** y sube por la Rua de Santa Catarina para almorzar en el espléndido **Majestic Café** de estilo *belle époque* (p. 76).

Tarde

Da un paseo hasta alcanzar la Rua Saraiva de Carvalho y luego gira a la derecha, donde se alza la **Sé do Porto** (p. 22). Dedica un rato a admirar sus magníficos azulejos y tesoros, contempla las espléndidas vistas de la ciudad desde su terraza y recréate observando el Pelourinho. A continuación, desciende por las callejuelas bordeadas de desmoronados edificios hasta la orilla del río. Avanza por el colorido paseo peatonal de **Cais da Ribeira** hasta la **Praça da Ribeira**, con magníficas vistas del **Ponte Dom Luís I** y los elegantes edificios de Vila Nova de Gaia en la orilla opuesta. Haz una parada en alguno de los numerosos cafés para disfrutar de una copa de oporto blanco helado antes de cenar. Para terminar el día a lo grande, regálate una experiencia gastronómica en **The Yeatman** (p. 99), que sirve unos fabulosos platos de fusión.

Estatua del rey Pedro IV, Praça da Liberdade

Y además...

1. Chafariz da Rua Escura
🗺 F4 🏛 Rua Pena Ventosa
Esta elaborada fuente del siglo XVII está rematada con un gran pelícano, que es un símbolo de piedad.

2. Igreja de Nossa Senhora da Vitória
🗺 F4 🏛 Rua de São Bento da Vitória
📞 222 007 182 🕐 9.00-12.00 y 16.00-19.00 ma-vi, 9.00-12.00 y 14.30-17.00 sá, 9.00-11.30 do
Lo más destacado de esta iglesia es su interior rococó de los artistas portuenses José Teixeira Guimarães y Francisco Pereira Campanhã.

3. Miradouro da Rua das Aldas
🗺 F4 🏛 Rua das Aldas 1
Desde la balaustrada de piedra de este mirador, situado a la entrada de la estrecha Rua das Aldas, se consigue una impresionante vista de los edificios con tejados rojos de Ribeira.

4. Capela de Nossa Senhora do Ó
🗺 F5 🏛 Largo do Terrreiro 9 📞 222 004 486 🕐 Los horarios varían, llamar antes
Esta pequeña iglesia barroca, con una sencilla fachada de piedra gris y estuco blanco, data del siglo XVIII.

5. Panel *Ribeira Negra*
🗺 F5 🏛 Rua da Ribeira Negra
Este moderno friso de azulejo en el Túnel de Ribeira representa escenas de este barrio ribereño y sus gentes.

6. Depósito de Materiais da Fábrica das Devesas
🗺 F3 🏛 Rua de José Falcão 199
El frontal de este monumento nacional de 1901 está decorado con motivos árabes y tonos tierra.

7. Banco de Materiais
🗺 F3 🏛 Praça de Carlos Alberto 71
🕐 10.00-17.30 ma-do
Este taller y almacén de azulejos se creó para ayudar a mantener los edificios con decoración tradicional.

8. Monumento ao Infante Dom Henrique
🗺 F4 🏛 Jardim do Infante Dom Henrique
Esta efigie del Infante Dom Henrique se alza sobre un pedestal en una plaza ajardinada.

9. Igreja de Santo António dos Congregádos
🗺 G4 🏛 Rua de Sá da Bandeira 11
🕐 10.30-13.00 y 14.00-18.00 lu-sá, 10.00-12.00 y 17.00-18.00 do
🌐 igrejacongregados.com
Los paneles de azulejo alegran un poco la austera fachada de esta iglesia de finales del siglo XVII.

10. Praça da Liberdade
🗺 F4
Una estatua ecuestre del monarca del siglo XIX Pedro IV domina esta impresionante plaza.

Compras

1. Passeio dos Clérigos

📍 F4 🏠 Rua das Carmelitas 151
🕐 10.00-20.00 lu-sá, 11.00-19.00 do
🌐 passeiodosclerigos.pt

Este moderno y elegante centro comercial está bajo la Praça de Lisboa y ofrece marcas de diseño.

2. Livraria Lello

📍 F4 🏠 Rua das Carmelitas 144 🕐 9.00-19.30 diario 🌐 livrarialello.com 🔗

Los entusiastas de Harry Potter hacen cola para entrar a esta fabulosa librería que inspiró el decorado de la película.

3. Mercado Porto Belo

📍 F3 🏠 Praça de Carlos Alberto
🕐 10.00-19.00 sá

Un mercadillo en el que se puede encontrar ropa *vintage,* discos de vinilo y sellos y monedas raros. También hay muchos puestos de comida que venden frutas y verduras.

4. Azulima

📍 1E 🏠 Rua do Barão de Forrester 707 🕐 9.00-12.30 y 14.30-18.30 lu-vi, 10.00-12.30 sá 🌐 azulima.pt

En esta colorida tienda se pueden comprar bonitos azulejos y cerámica de varios tipos en estilos clásico y contemporáneo.

5. Casa da Guitarra

📍 G4 🏠 Ave Vimara Peres 49
🕐 10.00-13.00 y 14.30-17.30 lu-sá
🌐 casadaguitarra.pt

Este templo de la fabricación de instrumentos es destino obligado para los amantes de la música.

6. Rua de Santa Catarina

📍 G3

La peatonal Rua de Santa Catarina es la calle comercial más larga y elegante de Oporto. Es ideal para mirar escaparates y visitar cafés.

7. Mercado do Bolhão

📍 G3 🏠 Rua Formosa 🕐 8.00-20.00 lu-vi, 8.00-18.00 sá 🌐 mercado bolhao.pt

Renovado en 2020, este antiguo mercado de estilo neoclásico tiene una balconada de hierro forjado y un interior cavernoso.

8. A Pérola do Bolhão

📍 G3 🏠 Rua Formosa 279
📞 222 004 009 🕐 9.00-19.00 lu-vi, 9.00-13.00 sá

Los portuenses adoran esta antigua tienda con una bonita fachada de azulejos. Es un lugar precioso con un maravilloso olor a té, café, hierbas y especias.

9. Arcádia

📍 F4 🏠 Rua do Almada 63 🕐 10.00-20.00 lu-vi, 10.00-19.00 sá, 11.00-19.00 do 🌐 arcadiachocolates.com

Esta tienda destaca por sus deliciosos bombones artesanos aromatizados con especias dulces.

10. Mon Père Vintage

📍 F3 🏠 Largo de Alberto Pimentel 38
🕐 10.30-19.00 lu-sá

Uno de los mejores sitios de Oporto para comprar gafas de sol *vintage,* joyas y pantalones Levi's. Precios razonables.

La Livraria Lello, posible inspiración de la ficticia Hogwarts

Cafés

**La ornamentada entrada
del Majestic Café**

1. Majestic Café

📍 G3 🏠 Rua de Santa Catarina 112
🕐 Do 🌐 cafemajestic.com

Este café repleto de rutilantes espejos y
apliques metálicos se inauguró en 1921.

2. Café Guarany

📍 F4 🏠 Campo dos Mártires da Patria
126 📞 222 057 129 🕐 Do

Este café es un clásico de la Avenida
dos Aliados desde 1933.

3. Café Porta do Olival

📍 F4 🏠 Campo dos Mártires da Patria
126 📞 222 057 129 🕐 Do

Los dueños de este café aseguran que
es el más antiguo de Oporto. Buen
café, cerveza y tentempiés.

4. Confeitaria do Bolhão

📍 G3 🏠 Rua Formosa 339 🕐 Do
🌐 confeitariadobolhao.com

Productos recién horneados llenan
esta panadería del siglo XIX situada
frente al Mercado do Bolhão *(p. 75)*.

5. C'alma

📍 G3 🏠 Rua de Passos Manuel 44
📞 913 704 600 🕐 Do

Los amantes del café disfrutan mucho
en esta relajada cafetería.

6. Gelataria Portuense

📍 G3 🏠 Rua do Bonjardim 136
🌐 gelatariaportuense.pt

Los helados artesanos y los
refrescantes sorbetes son lo más
destacado de esta heladería, que
ofrece varios sabores en bolas y en
surtidos de degustación.

7. Miss Pavlova

📍 F5 🏠 Rua do Infante D
Henrique 43 🌐 misspavlova.pt

Los huevos benedictinos y la tostada
con aguacate son un buen preludio a la
pavlova, el postre estrella.

8. SO Coffee Roasters

📍 F3 🏠 Rua Sá de Noronha 119
🌐 soroasters.com

A los amantes del café les encanta So
Coffe porque tuestan el grano en el
local y el ambiente es magnífico.

9. Café Santiago

📍 G4 🏠 Rua de Passos Manuel 226
🕐 Do 🌐 cafesantiago.pt

Este café es famoso por sus
francesinhas, las mejores de la ciudad.
A menudo frecuentado en horas punta.

10. Florbela Pâtisserie

📍 G4 🏠 Torel Palace Porto, Rua de
Entreparedes 42 🌐 florbela.com.pt

Este café de estilo francés dentro del
palacio Torel, con libros que cubren
paredes y techo, sirve deliciosos bocados
salados como las tostadas de cangrejo,
junto con su selección diaria de dulces.

**Disfrutando de los dulces
de la Confeitaria do Bolhão**

Dónde comer

1. Casa da Mariquinhas

📍 F4 🏠 Rua de São Sebastião 🕐 Do
🌐 casadamariquinhas.pt · €€€
Este típico restaurante de fado sirve platos tradicionales portugueses como el *bacalhau* (bacalao).

2. Galeria de Paris

📍 F3 🏠 Rua da Galeria de Paris 56
📞 222 016 218 · €
Este animado restaurante-bar, un clásico en la principal zona de vida nocturna, sirve tapas y *petiscos*.

3. Taberna dos Mercadores

📍 F5 🏠 Rua dos Mercadores 36
📞 222 010 510 🕐 Lu · €€
Esta taberna de la vieja escuela sirve un menú tradicional con platos como la *feijoada* de marisco (guiso de alubias con marisco).

4. Jimão Tapas e Vinhos

📍 F5 🏠 Praça da Ribeira 11
📞 220 924 660 🕐 Ma y mi · €€
Destaca por sus *petiscos de bacalhau*, pasta con pulpo, gambas con ajo y sardinas confitadas.

5. DaTerra

📍 F4 🏠 Rua de Mouzinho da Silveira 249 🌐 daterra.pt · €
Este restaurante vegetariano se aparta de la cocina tradicional y ofrece un refrescante menú con platos de fusión moderna.

6. Restaurante Mercearia

📍 F5 🏠 Rua Cais da Ribeira 32
🌐 restaurantemercearia.com · €€
Este restaurante está claramente dirigido a los turistas. Sirve platos

Interior de la famosa Galeria de Paris

como *tripas à moda do Porto* y una selección aceptable de platos de pescado.

7. Bacalhau

📍 F5 🏠 Rua Muro dos Bacalhoeiros 153 📞 960 378 883 · €€
Como indica su nombre, la especialidad de este local es el bacalao, aunque preparado de formas imaginativas. Las mesas exteriores ofrecen vistas del río.

8. DOP

📍 F4 🏠 Largo de São Domingos 18
🕐 Do y lu 🌐 doprestaurante.pt · €€€
El chef Rui Paula se ha inspirado en la cocina de la región de Minho, donde nació, para crear un innovador menú basado en ingredientes de la zona.

9. Gazela

📍 G4 🏠 Travessa do Cimo de Vila 4
🕐 Do 🌐 cervejariagazela.pt · €
Local sin pretensiones que sirve aperitivos típicos como *cachorrinho* (perrito caliente) y *francesinha (p. 60)* acompañados de un *fino* (caña de cerveza).

10. Cantinho do Avillez

📍 F4 🏠 Rua Mouzinho da Silveira 166
🌐 cantinhodoavillez.pt · €€€
Este restaurante forma parte del imperio gastronómico de José Avillez. En él se exaltan los *petiscos* y las especialidades de Oporto como las judías verdes fritas y las *francesinhas*.

MIRAGAIA Y MASSARELOS

Las empinadas calles de Miragaia y Massarelos descienden serpenteando hacia la zona ribereña, dejando a su paso extensos parques, vistas pintorescas del Duero y hermosas muestras de arquitectura típica portuguesa. Estos barrios son un frondoso oasis alejado del bullicio del centro, pero no por ello resultan inaccesibles desde el resto de la ciudad. Aquí se puede recorrer el Museu Nacional de Soares dos Reis, con una de las mejores colecciones de arte de la ciudad, o perderse entre sus espectaculares iglesias históricas. Para los que quieran algo diferente, la zona que rodea la Rua de Miguel Bombarda es un animado barrio artístico, repleto de galerías de venta de arte, anticuarios y modernos bares y cafés.

- **1** Imprescindible
  p. 79
- **1** Dónde comer
  p. 85
- **1** Y además...
  p. 82
- **1** Bares y cafés
  p. 84
- **1** Galerías de arte
  p. 83

0 metros   250

Para alojamientos en la zona, ver p. 115

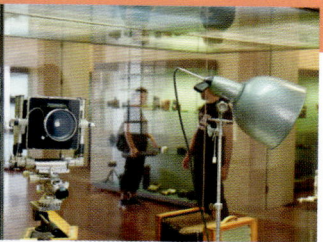

**Equipo fotográfico en el
Centro Português de Fotografia**

1 Centro Português de Fotografia

🏛 F4 🏠 Largo Amor de Perdição
🕐 10.00–18.00 ma–vi, 15.00–19.00 sá y do 🌐 cpf.pt

En la planta superior de este edificio, antaño una prisión, hay una fascinante colección de cámaras antiguas que se remonta a los albores de la fotografía. Las galerías del museo albergan exposiciones de fotografías *vintage* y vanguardistas.

2 Jardim do Carregal

🏛 E3 🏠 Rua de Clemente Meneres 72 🕐 24 horas

Este jardín fue creado en 1897 por el destacado jardinero paisajista Jerónimo Monteiro da Costa, y renovado en 2009. En el centro del jardín hay una estatua que recuerda al famoso intelectual Abel Salazar (1889-1946).

3 World of Discoveries

🏛 E4 🏠 Rua de Miragaia 106
🕐 10.00–18.00 ma–vi, 10.00–19.00 sá y do 🌐 worldofdiscoveries.com 📍

Este museo interactivo y parque temático está dedicado a la era de las expediciones marítimas de Portugal (siglos XV y XVI), con actores que representan a famosos navegantes como Vasco da Gama y Bartolomeu Dias y al Infante Dom Henrique. El recorrido en barca por la recreación de un río tropical es, sin duda, una de las experiencias favoritas.

4 Museu do Carro Eléctrico

🏛 C3 🏠 Alameda de Basílio Teles 51 🕐 10.00–18.00 ma–do 🌐 museudocarroelectrico.pt 📍

Oporto fue la primera ciudad de la península ibérica en instalar una red de tranvías eléctricos. El primero que circuló por la ciudad, en 1872, forma parte de la colección de este museo dedicado a los tranvías, el cual ocupa una antigua estación eléctrica. Aún circulan algunos tranvías antiguos por varias líneas del centro y la orilla del río, gestionados por la Sociedade de Transportes Colectivos de Porto (Compañía de Transporte Público de Oporto).

Tranvía antiguo, Museu do Carro Eléctrico

5 Jardins do Palácio de Cristal

Por encima del río Duero se extienden las frondosas terrazas de este jardín (p. 34), en cuyo centro se alza la retrofuturista cúpula de hormigón del Pavilhão Rosa Mota. Este edificio de 1954 con aspecto de platillo volante ocupa el antiguo emplazamiento de otra construcción que en su época también fue futurista. El Palácio de Cristal de Oporto se construyó en 1861 a imitación del Crystal Palace de Londres, pero fue demolido para dejar espacio a su más moderno sucesor. El pabellón está rodeado de jardines con pavos reales que añaden un toque de color.

6 Igrejas dos Carmelitas e do Carmo

📍 F3 🏠 Rua do Carmo ⏰ Igreja do Carmo: 9.00–18.00 diario; Igreja dos Carmelitas: 10.00–12.30, 14.30–15.00 y 16.30–17.00 diario

La Igreja do Carmo, del siglo XVIII, luce una de las fachadas de azulejo más elaboradas de Oporto y su interior rococó es igualmente impresionante. Junto a ella se alza la más sencilla Igreja dos Carmelitas, construida para las monjas de la orden carmelita. El espacio de 1 m de ancho que hay entre ambas alberga la casa más estrecha de Oporto.

7 Museu dos Transportes e Comunicações

📍 E4 🏠 Rua Nova da Alfândega ⏰ 10.00–13.00 y 14.00–18.00 ma–vi, 15.00–19.00 sá y do 🌐 amtc.pt ⬈

Aquí se puede explorar el pasado industrial de la antigua aduana de Oporto. En el muelle está La Jirafa, una antigua grúa que se empleaba para cargar y descargar mercancías desde el río. El museo cuenta con máquinas de escribir, máquinas contadoras y una guitarra empleada para el contrabando de aceite de oliva. En la planta superior hay una colección de coches antiguos que trasladaron a antiguos presidentes portugueses.

8 Museu Nacional Soares dos Reis

En las extensas colecciones de este museo (p. 40) están representados cinco siglos de arte secular y religioso de Portugal y Europa. Destacan los retratos y bodegones flamencos y holandeses de los siglos XVI y XVII y las obras de arte sacro procedentes de muchos de los monasterios disueltos en Portugal en el siglo XIX. La pieza más representativa del museo es la escultura *O Desterrado* de António Soares dos Reis. Hay también una colección de cuadros de destacados pintores naturalistas y románticos como Aurélia de Sousa y António Carneiro. La muestra de artes decorativas incluye cerámica y lacados chinos y japoneses.

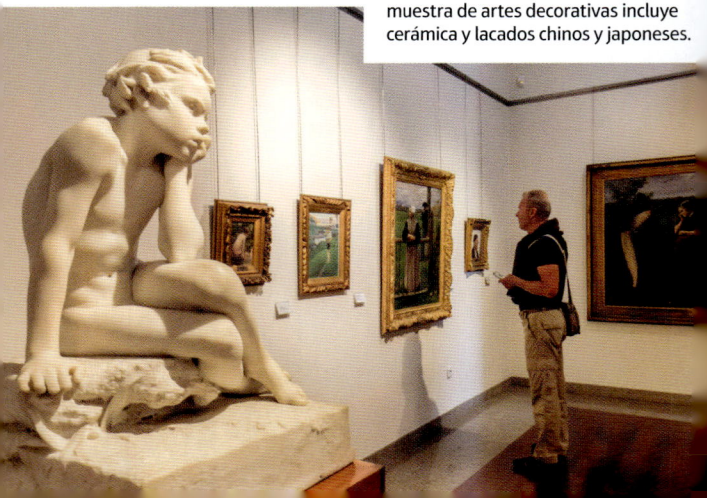

Ornamentado interior de la Iglesia de São Pedro de Miragaia

9 Igreja de São Pedro de Miragaia

📍 E4 🏠 Largo de São Pedro de Miragaia 🕐 15.30-19.00 ma-sá, 10.00-11.30 do

La primera iglesia que se construyó en este lugar atendía a la comunidad pesquera de Miragaia y estaba dedicada a São Pedro, patrón de los pescadores. En la década de 1730 fue totalmente reconstruida y ahora su interior luce una profusa decoración de talla dorada en la que se combinan elementos rococós y barrocos.

10 Cemitério dos Ingleses

📍 E3 🏠 Largo da Maternidade de Júlio Dinis 45 🕐 Los horarios varían, consultar la página web 🌐 stjamesoporto.org

La modesta lápida de James Forrester (1809-1862), nombrado barón por su contribución al desarrollo del comercio del oporto, es una de las muchas que se encuentran en este recóndito cementerio protestante. Aquí yacen muchos miembros destacados de la comunidad de expatriados de Oporto. Al lado se alza el primer templo protestante de la ciudad, la iglesia anglicana de Santiago, construida en 1818 como ampliación de la antigua capilla que se alzaba aquí.

Exposición en el Museu Nacional Soares dos Reis

UN DÍA EN MIRAGAIA Y MASSARELOS

Mañana

Empieza el día en **Swallow Decadent Brunch** (p. 84) antes de dirigirte al cercano **Centro Português de Fotografia** (p. 79), que contiene fotografías antiguas y contemporáneas, así como los antepasados de madera y latón de las actuales cámaras digitales. Desde aquí, un corto paseo lleva al **Parque das Virudes** (p. 82), donde disfrutar de las vistas de la ciudad o visitar la Árvore – Cooperativa de Actividades Artísticas. Pasea hacia el norte hasta la **Igreja do Carmo** (p. 80) y fotografía sus azulejos blancos y azules antes de adentrarte en su interior rococó.

Tarde

Pasa la tarde en el **Museu Nacional Soares dos Reis,** cuya colección incluye objetos de oro y plata, arte y artesanía de Asia y obras de pintores románticos portugueses. Camina una manzana hacia el norte para contemplar las obras más contemporáneas de las galerías de arte de la **Rua de Miguel Bombarda.** En las paredes y gabletes del barrio hay murales de artistas urbanos. Pasea por los **Jardins do Palácio de Cristal** y luego diríges al **Restaurante Papavinhos** (p. 85) para disfrutar de la cocina tradicional portuguesa y una fabulosa vista.

Y además...

1. Parque das Virtudes
E4 **Parque das Virtudes**
Este *miradouro* (mirador) situado en un extremo del Parque das Virtudes ofrece una de las mejores vistas de la ciudad de Oporto.

2. Escadas do Caminho Novo
E5 **Entre la Rua Nova da Alfândega y la Rua Tomás Gonzaga**
Paralelo a esta escalera que sube hacia el Palácio de São João Novo, se conserva un tramo de 100 m de la Muralha Fernandina.

3. Planetário do Porto
B3 **Rua das Estrelas**
9.00–17.30 lu–vi, 14.00–17.00 sá y do
planetario.up.pt
El espectáculo de última generación de este planetario, integrado en la Facultad de Ciencias de la Universidad de Oporto, promete un viaje virtual al espacio exterior.

4. Fonte dos Leões
F3 **Praça de Gomes Teixeira**
Unos leones alados rodean esta fuente erigida en 1886 por la compañía francesa que abastecía de agua la ciudad.

5. Bandeirinha da Saúde
E4 **Rua da Bandeirinha 25**
En épocas de peste, este obelisco de granito señalaba la zona de cuarentena durante las epidemias.

6. Museu das Marionetas
F4 **Rua de Belomonte 61** **14.00–18.00 mi–vi, 11.00–13.00 y 14.00–18.00 sá y do** **marionetasdoporto.pt**
Este museo está dedicado a las marionetas y su manejo. Hay una fascinante colección de marionetas y un teatro que ofrece espectáculos.

7. Museu do Centro Hospitalar
E4 **Rua Prof Vicente José de Carvalho** **9.00–17.00 lu–vi** **museu.chporto.pt**
Este diminuto pero fascinante museo recrea un antiguo laboratorio de boticario y una farmacia.

8. Casa de Almeida Garrett
E4 **Rua do Dr Barbosa de Castro 39** **Al público**
Almeida Garrett, uno de los hijos más famosos de Oporto, nació en esta casa y vivió en ella hasta 1804. Un incendio destruyó el edificio en 2019.

9. Palacete Pinto Leite
E3 **Rua da Maternidade 13** **Al público**
Este edificio neopaladiano fue construido a mediados del siglo XIX para la familia Pinto Leite.

10. Igreja e Mosteiro de São Bento da Vitória
F4 **Rua de São Bento da Vitória 45** **9.00–12.00 y 16.00–19.00 ma–vi, 9.00–12.00 y 14.30–17.00 sá, 9.00–11.30 do**
Este antiguo monasterio, fundado en 1608, acoge representaciones del Teatro Nacional São João.

Fonte dos Leões en la Praça de Gomes Teixeira

Galerías de arte

1. Espaço Q/QuadraSoltas

 E3 Rua de Tânger 1281 15.30-19.00 ma-sá quadrasoltas.com
Esta galería colectiva sin ánimo de lucro se distingue por sus obras coloridas y poco convencionales que se inspiran en los cómics y el arte urbano.

2. Galeria Municipal do Porto

 D3 Jardins do Palácio de Cristal 10.00-18.00 ma-do galeria municipaldoporto.pt
La galería de arte municipal ofrece un interesante programa de exposiciones en constante cambio. También se exponen muchas obras en los jardines.

3. Galeria Presença

 E3 Rua de Miguel Bombarda 570 15.00-19.00 ma-sá galeria presenca.pt
El prestigio internacional acompaña a esta galería comercial de arte que expone obras atrevidas, aunque accesibles, de grabadores contemporáneos.

4. Vantag Galeria

 D3 Rua Calouste Gulbenkian 223 9.30-18.00 lu-vi
Hay que llamar al timbre para visitar las últimas exposiciones de esta galería que también funciona como editorial.

5. Árvore – Cooperativa de Actividades Artísticas

 E4 Rua de Azevedo de Albuquerque 1 10.00-13.00 y 14.00-18.00 lu, 10.00-18.30 ma-vi, 14.00-19.00 sá arvorecoop.pt
Fundada en 1963 por un grupo de artistas visuales, esta galería se especializa en arte contemporáneo. Desde su terraza de la azotea hay unas increíbles vistas del paseo ribereño de Gaia.

6. Kubik

 D4 Rua da Restauração 10 14.00-19.00 ma-sá hubikgallery.com
Abierta en 2010, la galería Kubik no tardó en convertirse en el mejor lugar

Ilustraciones contemporáneas expuestas en Ó! Galeria

para buscar obras conceptuales de nuevos artistas portugueses.

7. Ap'arte Galeria de Arte

 E3 Rua de Miguel Bombarda 221 11.00-14.00 y 14.30-19.00 ma-sá apartgaleria.com
Esta galería abierta en 2010 está comprometida con las últimas tendencias en pintura, fotografía y escultura.

8. Galeria Fernando Santos

 E3 Rua de Miguel Bombarda 526 15.00-19.00 lu y sá, 10.00-12.30 y 15.00-19.00 ma-vi galeriafernandosantos.com
Inaugurada en 1993, la Galeria Fernando Santos fue una de las primeras en la escena artística de Oporto. Apoya la obra de artistas contemporáneos.

9. Galeria Quadrado Azul

 E3 Rua de Miguel Bombarda 553 15.00-19.00 sá quadradoazul.pt
Esta galería abrió en 1986 y desde entonces ha adquirido prestigio por su atrevido arte contemporáneo.

10. Ó! Galeria

 E3 Rua de Miguel Bombarda 61 13.00-19.00 lu-sá ogaleria.com
La tienda de arte de Ema Ribeiro está especializada en obras de ilustradores y artistas gráficos del siglo XXI de todo el mundo.

Disfrutando de las vistas desde la azotea del Mirajazz

Bares y cafés

1. Rota do Chá
E3 **Rua Miguel Bombarda 457**
Esta tetería con jardín es perfecta para relajarse tras una mañana en las galerías de arte locales. Sirve tés poco comunes de todo el mundo.

2. Swallow Decadent Brunch
F4 **Campo dos Mártires da Pátria 144** **swallowbrunch.com**
El pollo frito y los gofres son el plato estrella de este clásico del *brunch* regentado por una pareja canadiense.

3. Confeitaria Portilho
D4 **Alameda de Basílio Teles 11A** **Do**
Los *pastéis de nata* y el café recién hecho de este pequeño y agradable café son difíciles de superar.

4. Torto
F3 **Rua de José Falcão 199**
Los creativos cócteles de este bar, como el picante Picant Gang Gang, son la forma perfecta de terminar una cena antes de ir a divertirse a Galerias de Paris.

5. Mirajazz
E5 **Escadas do Caminho Novo**
Mirajazz es el destino ideal para escuchar música en directo con buenas vistas, sobre todo jazz, aunque también otros géneros. Las actuaciones suelen tener lugar los martes y jueves de 18.30 a 20.00.

6. Miradouro Ignez
D4 **Rua da Restauração 252**
Este bar, con unas vistas perfectas del Duero, tiene todo lo necesario para ver ponerse el sol en buena compañía.

7. Pixote Karaoke Bar
D2 **Loja 4, Rua do Campo Alegre 241** **23.00–4.00 diario**
Este local es ideal para personas a las que les guste trasnochar. El personal es amable, las bebidas son baratas y está abierto hasta la madrugada.

8. Quintal Bioshop
E3 **Rua do Rosário 177** **Do**
Los vegetarianos y veganos adoran este café y sus sopas, hamburguesas y zumos sin gluten ni carne.

9. Capela Incomum
E3 **79–81 Travessa do Carregal 77** **Do**
El lugar ideal para disfrutar de una noche tranquila tomando vinos de Douro, Minho y Dão bajo las bóvedas de piedra de una capilla del siglo XVI.

10. Catraio Craft Beer
F3 **Rua de Cedofeita 256** **Do**
El primer bar de cerveza artesana de Oporto desbarata cualquier idea preconcebida sobre la cerveza portuguesa. Hay mesas en el jardín y en la calle.

Dónde comer

1. Digby
E4 · **Rua da Restauração 336** · **€€**
La carta de este restaurante, en uno de los hoteles más elegantes de la ciudad, es sencilla pero deliciosa.

2. Taberna do Cais das Pedras
D4 · **Rua de Monchique 56-58**
Lu · **€€**
La decoración de estilo años 70 crea el ambiente perfecto para una carta de la vieja escuela. Destacan las *alheiras* ahumadas y el *bacalhau*.

3. Antiqvvm
D3 · **Rua de Entre Quintas 220**
Lu y do · **€€€**
Este restaurante galardonado por Michelin es ideal para una comida especial. Su carta rinde homenaje a los productos portugueses.

4. O Fado
F4 · **Rua de São João Novo 16**
Noches lu-sá · **€€€**
Quienes deseen disfrutar de una noche de fado no necesitan buscar más. El menú de este local incluye pescados y mariscos a la parrilla, aunque su principal atractivo es la música.

5. Restaurante Papavinhos
D4 · **Rua de Monchique 23** · **Do** · **€€**
Este restaurante con magníficas vistas sirve platos tradicionales y sencillos con un ligero toque moderno.

6. Taberna Santo António
E4 · **Rua das Virtudes 32**
Noche do y lu · **€**
En este establecimiento tradicional se disfruta de una experiencia realmente local. Su carta se limita a cuatro platos de carne o pescado a la parrilla.

7. Restaurante O Caseirinho
D4 · **Cais das Pedras 40** · **Do** · **€€**
A los portuenses les gusta este restaurante por su menú tradicional.

Aquí se puede probar el plato típico de la ciudad, las *tripas à moda do Porto*.

8. Capa no Rio
C3 · **Alameda de Basílio Teles 24** · **Do** · **€€**
El menú de este establecimiento incluye platos portugueses sencillos, como *francesinhas*, *rissóis* (empanadillas fritas) y carnes y pescados a la parrilla.

9. Alfândega Douro
E4 · **Rua da Miragaia 106**
Lu · **€**
Este local perfecto para almorzar destaca por sus variadas *francesinhas*, un plato del que ofrece hasta seis versiones.

10. Intrigo
E4 · **Rua de Tomás Gonzaga**
Ma y mi · **€€**
La joya de Intrigo es su delicioso pan casero, que se acompaña de aromático bacalao salado, salchichas ahumadas y carnes de cerdo y ternera.

El variado bufé de desayuno del hotel Digby

BOAVISTA

La elegante y moderna Boavista se alza al norte del centro de la ciudad. Su arteria principal, la Avenida da Boavista, cuenta con *boutiques* de lujo que bordean amplias y frondosas avenidas, mientras las magníficas construcciones religiosas modernas y un destacado museo de arte contemporáneo, situado en los bonitos jardines de Serralves, añaden colorido y personalidad al barrio. Los bares y restaurantes de la zona crean un animado ambiente a medida que portuenses y visitantes acuden a disfrutar de una comida o brindar por un buen día.

1 Serralves

Este complejo artístico con jardín tiene mucho que ofrecer a los amantes del arte contemporáneo y la arquitectura moderna, además de ser un maravilloso espacio verde (*p. 36*). En su centro se encuentra el impresionante edificio *art déco* diseñado por el arquitecto francés

Charles Siclis para el antiguo propietario, el conde Carlos Alberto Cabral. Con su color rosa y sus líneas onduladas, no desentonaría en Miami Beach. Cerca de él está el Museu de Serralves, con una colección permanente de arte moderno y exposiciones temporales.

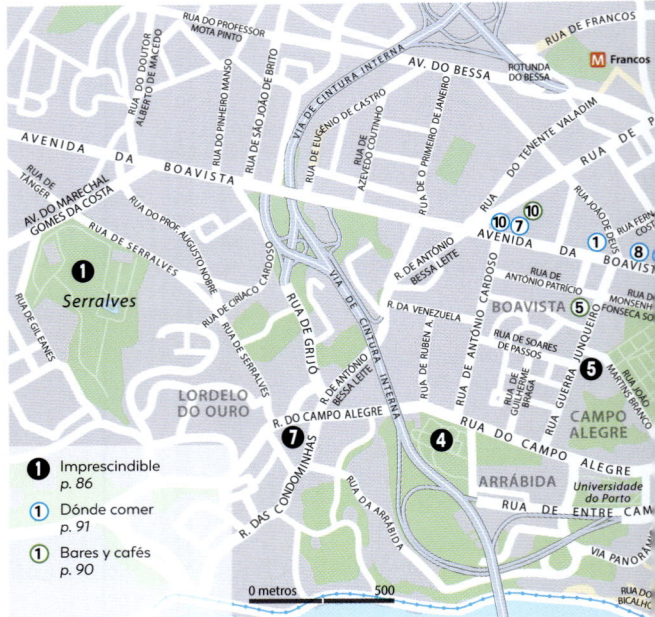

❶ Imprescindible
p. 86

① Dónde comer
p. 91

① Bares y cafés
p. 90

0 metros — 500

Para alojamientos en la zona, ver p. 116

2 Casa da Música

Este complejo de arquitectura futurista está en el corazón de Boavista y es el principal escenario de la ciudad para escuchar música clásica, contemporánea, ópera y jazz (p. 32). Es la sede de la Orquestra Sinfónica do Porto Casa da Música, y en su sala de conciertos con 1.300 localidades actúan también bandas de todo el mundo. El edificio, diseñado por el arquitecto holandés Rem Koolhaas, se inauguró en 2005. La sala VIP está decorada con paneles de azulejo que rinden homenaje al periodo de apogeo (siglo XVI) de esta cerámica

El moderno diseño de la Casa da Música

típicamente portuguesa y a los artistas que la realizaban.

3 Igreja de São Martinho de Cedofeita

📍 E2 🏛 Largo do Priorado 📞 222 000 635 🕐 Para misas: 15.30–19.00 sá, 10.00–12.00 y 18.00–21.30 do

Aunque esté mucho menos ornamentada que los principales lugares de culto del casco histórico, esta modesta iglesia luce una atractiva combinación de estilos antiguos y modernos. Se sabe que el lugar estaba ocupado por un templo ya en el siglo IX. A finales del siglo XI, esa primera construcción se sustituyó por un robusto edificio románico, del que se conserva la cúpula. La capilla bautismal y la nave central se incendiaron en 2017 y han sido reconstruidas en un estilo sencillo, pero despejado y luminoso.

4 Jardim Botânico do Porto

📍 B2 🏛 Rua do Campo Alegre 1191 🕐 9.00–19.00 diario 🌐 mhnc.up.pt/jardim-botanico-do-porto

El jardín botánico es un lugar maravilloso para alejarse del bullicio de la ciudad. En el verde entorno de la histórica Casa Andresen crecen árboles, arbustos y plantas de flor tanto autóctonas como foráneas; las especies subtropicales y del desierto permanecen protegidas del frío en los invernaderos.

Interior de la sinagoga
Kadoorie Mekor Haim

5 Sinagoga Kadoorie Mekor Haim y Museu do Holocausto

🏛 C2 🏠 Rua de Guerra Junqueiro 328/340 🕐 Sinagoga: visitas solo previa cita; museo: 14.30-17.30 lu-ju 🌐 comunidade-israelita-porto.org ↗

El pequeño museo que hay junto a este singular lugar de culto revela la historia oculta de la comunidad judía de Oporto. La mayor sinagoga de la península ibérica, inaugurada en 1938, fue levantada por Artur Carlos de Barros Basto, un oficial militar portugués.

6 Igreja Paroquial do Carvalhido

🏛 K1 🏠 Praça do Exército Libertador 52 📞 228 313 073 🕐 9.30-12.00 y 15.00-18.00 lu-vi, 9.30-12.00 sá

La iglesia parroquial del barrio de Carvalhido es una pequeña joya, a pesar de su modesto emplazamiento. Sus torres enmarcan una deslumbrante fachada de azulejo, tras la que se encuentra un interior abovedado.

7 Igreja de São Martinho de Lordelo

🏛 A2 🏠 Rua das Condominhas 739 📞 226 170 671 🕐 8.30-11.00 y 17.00-19.00 diario

Esta sencilla iglesia empezó a construirse en 1764 en el emplazamiento de una pequeña capilla del siglo XIII. La torre izquierda no se finalizó hasta 1867 y los frisos de azulejo que decoran el interior neoclásico se añadieron en 1888.

8 Cemitério de Agramonte

🏛 C2 🏠 Rua de Agramonte 🕐 8.30-17.00 diario 🌐 ambiente.cm-porto.pt/cemiterios/cemiterio-de-agramonte-1

Los elaborados mausoleos erigidos para los plutócratas de la ciudad son una muestra de la extraordinaria riqueza de las élites portuenses del siglo XIX. Algunos de estos elaborados monumentos los realizaron destacados escultores de la época, como el gran António Soares dos Reis (p. 41).
Los féretros de los difuntos menos adinerados se apilaban en el Jazigo Municipal, una fosa común situada cerca de la entrada principal del cementerio.

9 Mercado Bom Sucesso

🏛 D2 🏠 Praça Bom Sucesso 74-90 🕐 Mercado: desde las 8.00 diario; los horarios varían, consultar la página web 🌐 mercadobomsucesso.pt/lojas/perola-do-bom-sucesso

El Mercado Bom Sucesso, un mercado de barrio situado en la céntrica Praça do Bom Sucesso, construido en la

**Descansando a los pies de
la Rotunda da Boavista**

década de 1940, ofrece lo mejor de la
comida *gourmet*. Aunque conserva una
pequeña sección de frutas y verduras
gestionada por la famosa tienda de
comestibles Pérola do Bom Succeso, la
mayor parte del espacio está ocupada
por puestos de comida que venden
desde dulces a *francesinhas* y platos de
marisco. También alberga muchos
restaurantes y bares donde sentarse a
disfrutar de una comida.

10 Rotunda da Boavista

 D1 Praça Mouzinho
de Albuquerque

Esta plaza es familarmente conocida
como rotonda de Boavista, por su
forma redonda y la avenida homónima
que parte de ella. Este pequeño y
bullicioso lugar es un popular punto de
encuentro. En el centro del jardín
circular hay una columna triunfal
rematada con un león sobre un águila,
que simbolizan la expulsión de los
franceses de Portugal y la victoria del
ejército anglo-portugués sobre las
tropas invasoras de Napoleón en la
guerra de 1808-1814. La construcción
de esta columna de 45 m, diseñada por
el arquitecto João Marques da Silva y el
escultor Alves de Sousa, duró 42 años.

**Los diversos puestos
del Mercado Bom Sucesso**

UN DÍA EN BOAVISTA

Mañana

Comienza el día con una visita
guiada de la **Casa da Música** (*p. 32*)
para descubrir su vanguardista
arquitectura, las técnicas
empleadas en su diseño y la
maravillosa acústica del auditorio.
No olvides llevar la cámara lista
para retratar los azulejos de la sala
VIP y luego tómate un descanso
en el café de la Casa da Música.
Desciende hasta el **Mercado Bom
Sucesso**, con sus puestos repletos
de coloridos montones de frutas
de Pérola do Bom Sucesso
y disfruta en el mercado
gastronómico de unos *petiscos*,
sushi, ensaladas y sándwiches
acompañados de una copa de
vinho verde local (*p. 62*).

Tarde

Toma el autobús 203 o 207 hacia
Serralves (*p. 36*) y dedica unas
horas a pasear por los jardines del
complejo, admirando la llamativa
Casa de Serralves en estilo *art
déco* y las modernas esculturas
salpicadas por los terrenos, entre
ellas *The Curious Vortex* de Olafur
Eliasson. La **Avenida da Boavista**
ofrece una gran selección de
locales para cenar, incluidos desde
tabernas tradicionales hasta
restaurantes contemporáneos.
La carta de la **Churrasquería São
Francisco** (*p. 91*) satisface a los
más carnívoros. Remata el día
con una copa en el **Hot Five
Jazz & Blues Club** (*p. 90*).

Bares y cafés

Café de la Casa
da Música

1. Boémia Café
◉ D1 ⌂ Ave de França 32
☎ 226 099 816 ⌚ Do
Este café ofrece dulces y sabrosos crua-
sanes, chocolate caliente, *rabanadas*
(torrijas) y una selección de diez tés.

2. The Dog
◉ D1 ⌂ Rua de 5 de Outubro 213
☎ 220 144 433 ⌚ 12.00–23.00 lu-sá
El bocadillo estrella de este animado
café es el cachorro, una *baguette*
rellena de carne de salchicha y queso
fundido.

3. Baco Coffee Lab
◉ E2 ⌂ Largo Alexandre Sá
Pinto 22 ☎ 937 502 939 ⌚ Lu
Los hermanos Patrícia y Miguel dirigen
este acogedor establecimiento que
sirve deliciosos cafés, vinos naturales
y tostadas con pastrami.

4. Pardal
◉ E2 ⌂ Rua da Boavista 655
☎ 222 083 166 ⌚ Mediodía do y lu
Especializado en dulces típicos de la
ciudad de Amarante, este café es
famoso por su *bolo de bolacha* (tarta de
crema y galleta) y el *pudim do santo*
(similar a la crema catalana).

5. Hot Five Jazz and Blues Club
◉ C1 ⌂ Rua de Guerra Junqueiro 495
⊞ hotfive.pt
Este pequeño club, en activo desde
2006, ha logrado sobrevivir gracias a su
red de músicos y a la audiencia que
acude fielmente a sus sesiones
improvisadas y conciertos.

6. Casa da Música
◉ D1 ⌂ Casa da Música, Ave da
Boavista 604 ☎ 220 120 220
El café de la planta baja de esta
ultramoderna sala de conciertos de la
ciudad es ideal para estudiar o relajarse
antes de un espectáculo.

7. Arcádia
◉ D2 ⌂ Praça do Bom Sucesso
74–90, dentro del Mercado Bom
Sucesso ⌚ 8.00–23.00 diario
Esta chocolatería no solo es magnífica
para llevarse un dulce, como trufas o
chocolatinas rellenas de mantequilla
de cacahuete, sino que también sirve
helados y jarras de delicioso chocolate
caliente.

8. Bar Labirintho
◉ D2 ⌂ Rua de Nossa Senhora de
Fátima 334 ☎ 918 887 666
El nombre de este bar y centro de arte
es muy adecuado, ya que sus salas se
reparten como un laberinto por varias
plantas. El patio es ideal para el verano.

9. Ponto 2
◉ D1 ⌂ Ave da França 202
☎ 912 018 669 ⌚ Do
El hogareño aroma a pan y bollos
recién horneados impregna este
espacio cubista, donde se sirven
sándwiches dulces y salados.

10. Taberna do Zé
◉ B1 ⌂ Ave da Boavista 1430
⌚ 10.00–18.00 ma-sá
Una de las tascas más antiguas de Oporto.
Sirve *pregos* (sándwiches) de lomo de
ternera y vino durante toda la noche.

Dónde comer

1. Churrasqueira São Francisco
📍 C2 🏠 Ave da Boavista 1044
📞 226 007 367 🕐 Lu · €

Este restaurante satisface los gustos locales con sus bandejas de pollo, cerdo y ternera a la parrilla.

2. Rosa do Porto
📍 C1 🏠 Rua 15 de Novembro 23
📞 222 421 209 🕐 Do · €

El menú de este establecimiento es tradicional e incluye platos muy populares, como los *bolinhos de bacalhau* y el arroz de marisco.

3. LEA - Food and Drinks
📍 C1 🏠 Ave da Boavista 854
📞 931 700 370 🕐 Lu y ma

Brunch durante todo el día, deliciosos cócteles y una terraza trasera para los días soleados hacen de este lugar la pausa perfecta de Boavista.

4. Restaurante Universal
📍 E2 🏠 Rua de Aníbal Cunha 252
📞 962 818 424 🕐 Do · €

Este sencillo restaurante es famoso por sus sustanciosas *francesinhas* y sus generosas raciones.

5. Restaurante Casa da Música
📍 D1 🏠 Ave da Boavista 604
📞 220 107 160 🕐 Do · €€

El moderno entorno del restaurante de la Casa da Música combina con su contemporáneo menú.

PRECIOS

Una comida de tres platos con media botella de vino (o equivalente), servicio e impuestos incluidos.

€ menos de 30 € €€ 30-50 €
€€€ más de 50 €

6. Casa Agrícola
📍 D2 🏠 Rua do Bom Sucesso 347
📞 226 053 350 🕐 Do · €€

Las mantelerías blancas, la resplandeciente cristalería y la madera crean un entorno perfecto para el sofisticado menú portugués de este elegante restaurante, con platos como medallones de rape, pulpo a la parrilla y gambas flambeadas.

7. Mendi
📍 B1 🏠 Ave da Boavista 1430
📞 226 091 200 🕐 Lu y do · €

Las *pakoras* de verduras y carne, los platos *tandoori* y los kebabs dominan el menú de este restaurante perfecto para vegetarianos.

8. Em Carne Viva
📍 C1 🏠 Ave da Boavista 868
🕐 Lu y do 🌐 emcarneviva.pt · €€€

Su magnífico menú sin carne es una bendición para los vegetarianos y su terraza trasera es perfecta para comer en verano.

9. Restaurante Essência
📍 K1 🏠 Rua de Pedro Hispano 1190
📞 228 301 813 🕐 Mediodía lu y do · €€

El menú de Essência ofrece opciones para todos los gustos, como lasaña sin carne, bacalao al horno y *risotto* de gambas. El comedor es moderno y elegante.

10. Somos Restaurante and Lounge
📍 B1 🏠 Ave da Boavista 1466
📞 226 072 552 · €€€

Este restaurante contemporáneo está especializado en platos de carne, como chuletones y entrecots de razas gallegas poco comunes.

Vista del exterior de la Casa Agrícola

VILA NOVA DE GAIA

Frente a Oporto, en la otra orilla del río, la histórica Vila Nova de Gaia desempeñó un papel importante en el comercio de vino con Inglaterra en el siglo XVIII. Aunque poco queda de la ciudad romano-visigoda que se erigía aquí en el siglo VIII, esta localidad es un próspero centro neurálgico para quienes gustan del vino, repleta de bodegas y almacenes de oporto que constituyen una visita obligada para los amantes de la viticultura, que podrán degustar distintas añadas. Se puede acceder a esta ciudad ribereña cruzando a pie el emblemático puente Dom Luís I o tomar el ferri desde el Cais da Estiva; una vez allí, el pintoresco paseo ribereño regala unas vistas espectaculares.

Para alojamientos en la zona, ver p. 116

Cenando en una terraza de Cais de Gaia

1 Cais de Gaia
F5

La zona ribereña de Vila Nova de Gaia está flanqueada por bares y cafés y es ideal para disfrutar de un paseo debido a sus magníficas vistas. En los muelles aún hay atracados *rabelos*, las embarcaciones de vela latina que antaño transportaban el vino de Oporto desde los viñedos junto al Duero hasta los almacenes de Vila Nova de Gaia para su exportación a Gran Bretaña y el resto del mundo.

2 Igreja de Santa Marinha
F6 ☖ **Largo de Santa Marinha**
☎ **223 752 862**

Nicolau Nasoni, arquitecto de muchas de las bellas iglesias de Oporto, rediseñó en 1745 la capilla del siglo XIV que ocupaba este solar para crear un pequeño y atractivo templo de estilo barroco. Conservó los retablos originales y el altar y añadió un friso de azulejo.

3 Jardim do Morro
G5 ☖ **Ave da República**

Este pequeño parque está sobre una colina, al final del teleférico de Vila Nova de Gaia y frente al Mosteiro da Serra do Pilar. Ofrece una vista impresionante y es perfecto para fotografiar el Ponte Dom Luís I. Las palmeras y periquitos le añaden colorido.

4 Convento de Corpus Christi
F6 ☖ **Largo de Aljubarrota 13**
☎ **223 742 262** ☖ **9.00-12.30 y 14.00-17.30 ma-do**

Dona Maria Mendes Petite, una noble local, fundó este monasterio en 1345 y lo donó a las monjas de la orden dominica. Su elemento más llamativo es una capilla con cubierta octogonal, que contiene cuatro altares laterales decorados y un elaborado techo artesonado con imágenes de santos y miembros destacados de la orden. Desde 2009, parte del edificio se utiliza para celebrar eventos culturales.

5 Casa-Museu Teixeira Lopes

📍 L2 🏠 Rua Teixeira Lopes 32
📞 223 742 904 🕐 9.00-12.30 y 14.00-
17.30 ma-sá ♿

Esta mansión, antigua residencia del arquitecto portuense José Teixeira Lopes, permite descubrir cómo vivían las clases altas del siglo XIX. Alberga también una extensa colección de esculturas creadas por António Teixeira Lopes, hermano de José.

6 Mercado Beira-Rio

📍 F5 🕐 11.00-22.00 diario
🌐 mercadobeirario.pt

Este antiguo mercado próximo al Duero ofrece la oportunidad de compartir mesa con desconocidos. Es un magnífico lugar para probar manjares dulces y salados, como *toucinho do céu, tarte de amêndoa, alheira* y, por supuesto, la obligada *francesinha (p. 60)*. Hay muchos puestos de comida y bebida para picotear a veces acompañados de música en directo y recitales de poesía.

7 Teleférico de Gaia

📍 F5 🏠 Cais de Gaia 🕐 Los
horarios varían, consultar la página
web 🌐 gaiacablecar.com ♿

Este teleférico proporciona una fantástica vista aérea de la ciudad y el Duero. Tarda 5 minutos en subir desde la estación situada a orillas del río, en Cais de Gaia, hasta la del Jardim de Morro, cerca de la plataforma superior del Ponte Dom Luís I.

8 Mosteiro da Serra do Pilar

📍 G5 🏠 Largo de Aviz 🕐 10.00-
18.30 ma-do 🌐 culturanorte.gov.pt

La construcción de este monasterio, fundado en el siglo XVI por la orden agustina, duró más de 70 años. El complejo sirvió de acuartelamiento a las tropas británicas y francesas durante la batalla por Oporto en 1809, y a las fuerzas liberales durante el sitio de Oporto en 1832 y sigue siendo un cuartel militar. La iglesia circular del monasterio es uno de los monumentos más reconocibles de Vila Nova de Gaia. Desde aquí se puede disfrutar de una espectacular vista del Duero, los muelles de Oporto y el Ponte Dom Luís I.

9 World of Wine

📍 F6 🏠 Rua do Choupelo
🕐 10.00-19.00 diario 🌐 wow.pt

Inaugurado a finales de 2020, World of Wine se convirtió en la atracción de

moda de la ciudad. Se puede pasar el día visitando sus seis museos dedicados a la historia, el chocolate, los recipientes para beber, la industria del corcho en Portugal y la producción vinatera.

10 Centro Interpretativo do Património da Afurada

📍 A4   🏠 Rua António dos Santos 10
🕐 10.00-12.30 y 13.30-18.00 diario
🌐 parquebiologico.pt/centro-interpretativo-do-patrimonio-da-afurada

El trayecto hasta la atractiva comunidad pesquera de São Pedro da Afurada, río abajo desde el centro de Vila Nova de Gaia, puede resultar complicado (es mejor tomar un taxi o autobús), pero permite disfrutar de unas bonitas vistas de Oporto y del ambiente local. El centro interpretativo, con su colección de trajes, barcos, maquetas navales y aperos de pesca antiguos, abre una ventana hacia un modo de vida desaparecido hace tiempo.

El Teleférico de Gaia sobre el casco antiguo de Oporto

UN DÍA EN VILA NOVA DE GAIA

RIBEIRA

Duero

Mosteiro da Serra do Pilar

Taxi fluvial

Ponte Dom Luís I

Cais De Gaia

TELEFÉRICO

DeCastro

Bodega Sandeman

World of Wine

Jardim do Morro

VILA NOVA DE GAIA

Mañana

Atraviesa el Duero desde Baixa hasta Vila Nova de Gaia por el **Ponte Dom Luís I** para unirte a la visita de una hora del **Mosteiro da Serra do Pilar** y su iglesia redonda. En la terraza puedes imaginar al general Arthur Wellesley, más tarde duque de Wellington, oteando el río mientras planificaba cómo arrebatar Oporto a los franceses en 1809. Luego cruza la Avenida da República hasta el **Jardim do Morro** (p. 93) y la estación del **Teleférico de Gaia,** en el que podrás descender por el aire hasta la orilla del río. Pasea por el **Cais de Gaia** (p. 93) y almuerza unos *petiscos* en **DeCastro** (p. 99).

Tarde

Atraviesa Largo de Miguel Bombarda hacia las instalaciones de **Sandeman** (p. 97), una de las principales bodegas de Gaia, cuyo logotipo, el inconfundible Don de Sandeman con sombrero y capa, recibe a los visitantes. Necesitarás un par de horas para la visita guiada y la degustación de hasta seis oportos de sus viñedos en el Duero, cuidadosamente envejecidos en antiguas cuevas. Luego dirígete a la terraza de **World of Wine** (p. 94) para disfrutar de las vistas del perfil de Oporto. Por último, monta en el taxi fluvial del Duero y contempla el atardecer de vuelta al **Cais da Ribeira** (p. 30). Cena y disfruta de una copa de vino mirando hacia Vila Nova de Gaia.

Y además...

1. Passadiço de Gaia
⬛ K3 ⬛ Praia de Lavadores
Unas pasarelas de madera recorren los 15 km de sendero de la costa de Gaia que conecta la arenosa Praia de Lavadores con la ciudad de Espinho, al sur.

2. Parque Biológico de Gaia
⬛ L3 ⬛ Rua da Cunha ⬛ Abr-sep: 10.00-19.00 diario; oct-mar: 10.00-17.00 diario ⬛ parquebiologico.pt
En los terrenos de esta antigua granja, que incluyen estanques, arroyos, bosque y praderas, pueden verse animales grandes y pequeños.

3. Zoo Santo Inácio
⬛ M3 ⬛ Rua 5 de Outubro
⬛ Desde las 10.00 diario; las horas de cierre varían, consultar la página web ⬛ zoosantoinacio.com ⬛
Las joyas de este zoológico son los leones asiáticos y otras especies en peligro como el leopardo de las nieves y el tigre siberiano.

4. Reserva Natural Local do Estuário do Douro
⬛ K2 ⬛ Ave Deocleciano Monteiro
⬛ parquebiologico.pt
Pasarelas de madera recorren una larga franja de playa arenosa con dunas al fondo en esta reserva natural de 20 hectáreas cercana al centro.

La Capela do Senhor da Pedra sobre una roca

5. Praia da Madalena
⬛ K3 ⬛ Rua do Mar 450
Esta playa, una de las favoritas de Oporto, tiene bandera azul, lo que certifica la limpieza de sus aguas.

6. Estação Litoral da Aguda
⬛ K4 ⬛ Rua Dr Alfredo Dias
⬛ 10.00-13.00 y 14.00-18.00 diario ⬛ fundacao-ela.pt
Los tanques de este moderno acuario recrean los hábitats que existen en las orillas de Oporto y albergan docenas de especies autóctonas.

7. Clube Golf de Miramar
⬛ K4 ⬛ Ave Sacadura Cabral
⬛ Verano: 9.00-20.00 diario; invierno: 9.00-18.00 diario ⬛ cgm.pt ⬛
Este campo de golf junto al mar, con 9 hoyos y par 70, fue creado por el famoso arquiteto escocés Philip Mackenzie Ross

8. Bodega Cockburn's
⬛ E6 ⬛ Rua de Serpa Pinto 346 ⬛ 10.00-18.00 diario ⬛ cochburns.com ⬛⬛
Este templo del oporto es la mayor de las bodegas tradicionales de Vila Nova de Gaia.

9. Travesía privada
⬛ A5 ⬛ Douro Marina, Rua da Praia ⬛ riversoul-turismo-fluvial.webnode.pt ⬛
Perfecta para ver Vila Nova de Gaia y Cais da Ribeira desde el agua.

10. Capela do Senhor da Pedra
⬛ K4 ⬛ Alameda do Senhor da Pedra
Esta capilla de planta hexagonal resulta más pintoresca al atardecer.

Bodegas de Vila Nova

Cavas del siglo XIX de la bodega de oporto Burmester

1. Sandeman

📍 F5 🏠 Largo Miguel Bombarda 47 🕐 10.00-18.00 diario 🌐 sandeman.eu

Las seis visitas guiadas diferentes incluyen degustación de hasta seis vinos. La historia de la marca se muestra en la Sala Sandeman.

2. Graham's

📍 E5 🏠 Rua do Agro 141 🕐 9.30-18.00 diario 🌐 grahams-port.com

Tras los muros de granito de esta bodega del siglo XIX, los vinos maduran en más de 2.000 barricas. Los oportos *vintage* necesitan años.

3. Taylor's

📍 F6 🏠 Rua do Choupelo 🕐 10.00-18.15 diario 🌐 taylor.pt

La degustación de dos oportos completamente distintos entre sí remata la visita con audioguía de esta bodega.

4. Caves Ferreira

📍 E6 🏠 Ave de Ramos Pinto 70 🕐 10.00-12.30 y 14.00-18.00 diario 🌐 winetourism.sogrape.com

Aquí explican la historia de A Ferreirinha, cuya bodega alcanzó el éxito en el siglo XIX.

5. Cálem

📍 F5 🏠 Ave de Diogo Leite 344 🕐 10.00-19.00 diario 🌐 tour.calem.pt

Cálem es la típica bodega de Gaia, con hileras de almacenes de paredes blancas y tejados rojos.

6. Porto Augusto's

📍 F6 🏠 Rua de França 10 🕐 11.00-18.00 diario 🌐 portoaugustos.pt

Esta bodega familiar ofrece una visión general rápida y clara de los tipos de oporto. Parte de la entrada puede destinarse a la compra de una botella.

7. Real Companhia Velha

📍 H6 🏠 Rua Azevedo Magalhães 314 🕐 10.15-16.45 diario 🌐 realcompanhiavelha.pt

Este centro de visitantes está dedicado a la historia del mayor productor de vino de la región del Duero y a las numerosas variedades de uva de la zona.

8. Espaço Porto Cruz

📍 F5 🏠 Largo Miguel Bombarda 23 🕐 11.00-19.30 ma-sá, 11.00-19.00 do 🌐 espacoportocruz.pt

Se puede pedir un oporto u optar por una cata guiada que incluye hasta siete oportos acompañados de chocolates artesanos, tablas de quesos o pescados en conserva.

9. Churchill's

📍 E5 🏠 Rua da Fonte Nova 5 🕐 10.00-18.00 diario 🌐 churchills-port.com

La degustación de esta bodega refleja la misión de Churchill's de repensar el vino de Oporto para aligerarlo.

10. Caves Burmester

📍 F5 🏠 Largo Dom Luís I 🕐 10.00-13.00 y 14.00-19.00 diario 🌐 burmester.pt

Famosas por sus vinos de Oporto y DOC del Duero. Uno de los nombres más prestigiosos en vino portugués.

Botella de oporto Ferreira en Caves Ferreira

Tascas y tabernas

1. Taberninha do Manel
📍 F5 🏠 Ave de Diogo Leite 308
🕐 Lu y ma 🌐 taberninhado
manel.comportugal.com

Entre los *petiscos* de este restaurante con buenos precios se incluyen gambas, mejillones y embutidos.

2. Casa Adão
📍 F5 🏠 Ave de Ramos Pinto 252
📞 223 750 492 🕐 Ma

Este restaurante tradicional, con una fachada corriente y un comedor sencillo, sirve un menú asequible.

3. Casa Dias
📍 F5 🏠 Ave de Ramos Pinto 242
📞 223 750 467 🕐 Lu y do · €

Taberna decorada con azulejos y réplicas de barcos, con una gran selección de pescados a la parrilla y platos de bacalao como el *bacalhau à braga* (frito y con salsa de cebolla).

4. Barris do Douro
📍 G5 🏠 Ave de Diogo Leite 402
📞 223 752 419 🕐 Lu y mediodía do

El menú de este restaurante sencillo incluye buñuelos de bacalao, chorizo asado y filetes de ternera.

5. Taberna de São Pedro
📍 A4 🏠 Rua Costa Goodofilm 34
📞 915 465 918 🕐 Do noche

Merece la pena tomar el ferri hasta Afurada para degustar los pescados capturados en los alrededores de este restaurante.

6. Pedra Furada Tasca
📍 A4 🏠 Rua 27 de Fevereiro 17
📞 911 755 530 🕐 Lu

Este precioso restaurante con una atractiva fachada amarilla dispone de una magnífica terraza junto al río.

7. Dom Luís
📍 F5 🏠 Ave de Ramos Pinto 266
📞 223751251 🕐 Lu · €

Este restaurante tradicional, que toma su nombre del puente Dom Luís I, sirve platos sabrosos como el *bacalhau com natas* (bacalao en salsa cremosa de nata) y el arroz de marisco.

8. DaTerra
📍 C4 🏠 Inside Mercado Beira-Rio
🌐 daterra.pt

Oporto, igual que Portugal, no es un destino fácil para vegetarianos y veganos, por eso este restaurante con bufé vegano resulta un oasis. Ofrece docenas de platos que cambian a diario.

9. Beira Rio
📍 F5 🏠 Ave de Diogo Leite 64
📞 223 756 959

Francesinhas, chouriço a la parrilla, pollo, sardinas y sopa de pescado forman parte del sencillo menú de esta taberna.

10. Toca do Coelho
📍 C4 🏠 Largo Sampaio Bruno 2
📞 223 754 820 🕐 Noches y do · €

Animada tasca situada junto al Mercado Beira-Rio con platos sencillos como croquetas de bacalao y ensalada de pulpo.

Chorizo y salchicha a la parrilla en Beira Rio

Terraza de Vinum, con preciosas vistas de la ciudad

Dónde comer

1. The Yeatman
F6 ⌂ Rua do Choupelo ☎ 220 133 100 ⏰ Ma noche-sá · €€€
Los comidistas adoran los imaginativos menús degustación de este restaurante galardonado por Michelin.

2. Armazém do Peixe
A4 ⌂ Largo Padre Joaquim De Araújo 311 🌐 afurada.armazem dopeixe.pt · €€
En este restaurante los comensales ven cómo asan a la parrilla el pescado que previamente han elegido.

3. Barão Fladgate
F6 ⌂ Rua do Choupelo 250 🌐 baraofladgate.com · €€€
Este restaurante disfruta de un magní-fico entorno y ofrece una bonita vista.

4. Tempêro d'Maria
F5 ⌂ Ave de Diogo Leite 278 ☎ 963 788 420 ⏰ Ma · €
La buena relación calidad/precio y el menú con platos portugueses e internacionales convierten este restaurante en una opción magnífica.

5. Mesa com Tradição
M3 ⌂ Rua 5 de Outubro 2792 ☎ 220 131 495 ⏰ Lu, ma y noches do · €€
Este restaurante familiar sirve platos tradicionales, como los *bolinhos de alheira* (buñuelos de salchicha).

6. Dourum
G5 ⌂ Ave Diogo Leite 454 ☎ 220 917 911 · €€
Pequeño bar de vinos justo debajo del Ponte Dom Luís I.

7. DeCastro
F5 ⌂ Largo Miguel Bombarda 23 ☎ 910 553 559 ⏰ Lu y do noche · €€
Este restaurante luminoso y moderno sirve bandejas para compartir con ingeniosas adaptaciones de platos tradicionales como el arroz con pulpo.

8. Restaurante Casa Dias
F5 ⌂ Ave Ramos Pinto 242 ☎ 223 750 467 ⏰ Lu y do noche · €
Unas elaboradas maquetas de barcos alegran el comedor de este sencillo restaurante, que sirve menús fijos y platos a la carta.

9. Divino
F6 ⌂ Rua do General Torres 344 ☎ 224 055 306 ⏰ Do · €€€
Situado en una azotea, Divino ofrece una deliciosa alta cocina que combina la gastronomía internacional con toques de sabores típicos portugueses.

10. Vinum
D5 ⌂ Rua do Agro 141 ☎ 220 930 417 · €€€
Los menús degustación de este local ofrecen platos como el filete de vaca *velha* y la merluza con puré de guisantes, acompañados de vinos regionales y oportos.

FOZ DO DOURO

Cuando quieren disfrutar de un día fuera del centro de la ciudad, los amantes de la buena comida, las tiendas y la playa se suben a la línea 1 de tranvía, que avanza paralela al Duero desde el centro de Oporto hasta Foz do Douro, donde el río se une al océano y el oleaje atlántico rompe contra playas de arena y costas rocosas. El antiguo pueblo pesquero de Foz Velha, con bonitas casas, se ha transformado en un elegante barrio con modernas *boutiques* y galerías. Los cafés y bares de playa repartidos por los bulevares costeros son ideales para tomar el sol o contemplar el atardecer. También hay un gran parque urbano, un jardín ribereño para los que busquen un pedazo de naturaleza, faros antiguos y una imponente fortaleza para los aficionados a la historia. El mercado situado en el corazón del distrito, con puestos de comida, cafés y una instalación artística de Janet Echelman, es un animado lugar de encuentro.

1 Imprescindible
p. 101

1 Dónde comer
p. 105

1 Y además...
p. 104

Para alojamientos en la zona, ver p. 117

1 Parque da Cidade do Porto

🗺 P1 🏠 Ave da Boavista
📞 225 320 080 🕐 Abr-sep: 8.00-
24.00 diario; oct-mar: 8.00-
22.00 diario

El mayor parque público de Oporto ofrece una atractiva combinación de césped, estanques llenos de patos, gansos y cisnes y tramos de bosque que recrean el precioso paisaje de la región de Minho, al norte de la ciudad. Hay senderos y rutas para bicicletas, lo que atrae a multitud de corredores y familias los fines de semana. Desde el extremo oeste del parque se consiguen unas vistas del océano espectaculares.

2 Jardim do Passeio Alegre

🗺 P4 🏠 Rua do Passeio Alegre

Las altas palmeras de este parque costero están habitadas por escandalosos grupos de periquitos. Es uno de los mejores espacios verdes de Oporto para las familias, ya que dispone de columpios y un divertido campo de minigolf. Sin embargo, lo más destacado es su pabellón *art nouveau* de 1910, cuyos baños son de los más elegantes del mundo, llenos de centenares de azulejos decorativos.

3 Sea Life Porto

🗺 N1 🏠 Rua Particular do
Castelo do Queijo 1A 🕐 10.00-19.00
diario 🌐 visitsealife.com/porto 🔗

Sea Life, un destino perfecto para familias con niños y adultos curiosos,

**Fuente en el pintoresco
Jardim do Passeio Alegre**

entretiene y educa con sus tanques repletos de animales acuáticos autóctonos y exóticos. La muestra se centra en las especies que habitan en las costas portuguesas tanto continentales como de las islas atlánticas y en el río Duero y su cercano estuario. También hay un pasillo transparente que permite a los visitantes caminar a través de un enorme acuario repleto de tiburones.

4 She Changes

🗺 N1 🏠 Praça da Cidade
do Salvador

Esta maravillosa instalación, creada en 2005 por la artista estadounidense Janet Echelman, flota como una medusa cerca del Atlántico. Las diversas capas de malla metálica se anclan a un trípode de postes de acero para crear la imponente y en apariencia frágil estructura de 27 m, que se ha convertido en un símbolo de Foz do Douro.

**La impresionante
instalación *She Changes*
de Janet Echelman**

5 Farol da Senhora da Luz
P3 **Alto Monte da Luz**
Al público

Por desgracia, este pequeño, robusto y algo deteriorado faro de dos pisos con planta octogonal se encuentra apagado y deshabitado. Está en un parquecillo sobre el Monte da Luz, una colina de poca altura que mira a la Praia de Gondarém. La torre de color verde, erigida en 1761 por orden del modernizador Marquês de Pombal, guiaba antaño a los barcos que se dirigían hacia la desembocadura del Duero. En la década de 1920 se quitó la linterna y se desmanteló el faro, dejando una sensación de típica saudade portuguesa –pero merece la pena visitarlo aunque solo sea para disfrutar de la fresca brisa del océano–.

6 Fortaleza de São Francisco Xavier
N1 **Praça de Gonçalves Zarco**
9.00-17.30 ma-do

Se necesita algo de imaginación para reconocer el peñasco sobre el que se asienta esta pequeña fortaleza del siglo XVII como un gran pedazo de queso –de donde le viene su apodo *Castelo do Queijo* (castillo del Queso)–. Sin embargo, su nombre oficial procede del militante misionero jesuita Francisco Javier (1506-1552) y formó parte de las defensas de Oporto contra las posibles invasiones desde España.

7 Praia do Molhe
N3 **Ave do Brasil**

La gente de la zona suele acudir a la Praia do Molhe en verano, pero los visitantes que busquen una playa tipo Riviera francesa tal vez queden decepcionados. Tiene menos de 200 m de arena gruesa y con guijarros y no es de las mejores playas de la zona. No obstante, se llena de familias los fines de semana estivales, y el resto del año permanece azotada por el frío Atlántico. Aún así, sus olas ofrecen una imagen hipnótica desde los animados cafés y bares de la orilla, y es un destino familiar y sin mucho turismo.

8 Praia de Gondarém
N3 **Ave do Brasil**

Este soleado tramo de arena dorada y espolones de roca atrae a multitud de habitantes de Oporto, sobre todo los fines de semana de verano. Como muchas de las playas de Oporto, no es un destino para gente acostumbrada a las aguas del Mediterráneo: el Atlántico está frío, incluso en pleno verano. Por suerte, esta popular playa alberga muchos bares, algunos con tumbonas y sombrillas donde los bañistas pueden

Fortaleza de São Francisco Xavier al anochecer

acomodarse con una cerveza fría o una copa de *vinho verde*.

9 Fortaleza de São João Baptista da Foz

📍 P4 🏠 Rua do Castelo 📞 226 153 440
🕐 9.00-16.30 lu-vi

Esta imponente fortaleza rodeada de bastiones de granito se construyó a finales del siglo XVII para vigilar la desembocadura del Duero, y se reforzó en el siglo XVIII con elementos aún más sólidos. Resulta comprensible que las fuerzas armadas portuguesas sigan utilizando algunas zonas del complejo, aunque por el día se puede pasear por la muralla. De vez en cuando, la fortaleza alberga exposiciones de arte.

10 Mercado da Foz do Douro

📍 P3 🏠 Rua de Diu 🕐 7.00-17.00
lu, 7.00-23.00 ma-sá

Este mercado satisface todos los gustos. En su origen era el mercado del barrio, donde sus habitantes acudían a hacer las compras diarias, pero tras la remodelación que experimentó en 2020 atrae también a los modernos de Oporto. Aún quedan algunos vendedores de frutas y verduras, flores, pescados y pan artesano, y junto a ellos se encuentran también multitud de puestos que sirven tentempiés con sabor local y vinos.

UN DÍA EN FOZ DO DOURO

Mañana

Comienza el día en el **Farolim de Felgueiras** (p. 104), un faro encaramado sobre el canal de acceso al puerto, en el extremo sur del paseo costero de Foz. Dirígete a la **Fortaleza de São João Baptista da Foz** para recorrer la muralla y contemplar la vista y luego camina unas manzanas hacia el interior para picar algo en el **Mercado da Foz do Douro.** Avanza por el paseo marítimo hasta la **Praia do Molhe,** donde se puede disfrutar de un vigorizante chapuzón en el Atlántico, o de una cerveza o un *vinho verde* en un café costero. Almuerza en **A Xícara** (p. 105), cuyo menú incluye pescados y platos tradicionales como las *tripas à moda do Porto,* un guiso de callos típico de la ciudad.

Tarde

Echa un rápido vistazo a la **Fortaleza de São Francisco Xavier** y luego camina hasta el **Parque da Cidade do Porto** (p. 101), el mayor parque de la ciudad, donde puedes dedicar un par de horas a recorrer las zonas ajardinadas y contemplar las vistas del Atlántico. Entra en el **Pavilhão da Água** (p. 104), situado junto al lago, para aprender más sobre los peculiares ecosistemas acuáticos del Duero. Regresa en taxi a la ciudad y finaliza el día con una cena en **Pedro Lemos** (p. 105), un restaurante galardonado por Michelin cuyos menús degustación incluyen ingredientes locales y vinos bien seleccionados.

La neoclásica Pérgola da Foz con vistas al mar

Y además...

1. Jardim do Cálem
🚇 R4 🅰 Rua de Sobreiras
Este pequeño pero atractivo jardín con alcornoques y álamos está próximo a la desembocadura del Duero.

2. Jardim de Sobreiras
🚇 Q4 🅰 Rua dos Sobreiras
Las palmeras adornan los contornos pedregosos de este tramo adoquinado de la costa, que ofrece buenas vistas.

3. Pavilhão da Água
🚇 P1 🅰 Parque da Cidade do Porto
🌐 pavilhaodaagua.pt ♿
El centro de visitantes del Parque da Cidade do Porto (p. 101) explica la importancia del agua de forma divertida e interactiva.

4. Jardim Antero de Figueiredo
🚇 P3 🅰 Rua da Cerca
Este jardín dedicado al escritor Antero de Figueiredo (1866-1953) resulta agradable para dar un paseo durante la visita a Foz do Douro.

5. Parque Urbano da Pasteleira
🚇 R4 🅰 Rua de Diogo Botelho 🕐 Abr-sep: 8.00-23.00 diario; oct-mar: 8.00-20.00 diario
Las zonas arboladas, lagos y praderas de este parque de 3 ha son ideales para comer al aire libre en verano.

6. Pérgola da Foz
🚇 N3 🅰 Ave Brasil
Esta columnata del paseo marítimo de Foz do Douro muestra el gusto portuense de la década de 1930 por imitar las modas de otros países europeos.

7. Jardins da Avenida de Montevideu
🚇 N2 🅰 Ave de Montevideu
Los bancos con bonitos azulejos son uno de los atractivos de este largo y estrecho parque costero.

8. Farol de São Miguel-o-Anjo
🚇 Q4 🔒 Al público
🌐 monumentos.gov.pt
Aunque parezca una construcción modesta, este faro es uno de los más antiguos que existen.

9. Farolim de Felgueiras
🚇 P4 🅰 Jardim do Passeio Alegre
🔒 Al público
En el extremo sur del paseo marítimo de Foz se alza este faro de granito de 17 m con la cúpula pintada de rojo. Se erigió en 1886 y guió a los pescadores de Foz do Douro hasta 2009.

10. Praia do Homem do Leme
🚇 N3 🅰 Ave de Montevideo 196
En esta cala de arena hay una estatua de un marinero que rinde homenaje a los pescadores de Foz do Douro.

Estatua, Praia do Homem do Leme

Dónde comer

1. In Diferente

P3   Rua Dr Sousa Rosa 23
19.00-22.30 ma-sá (también sá mediodía y do)
indiferente.pt · €€€

La chef Angélica Salvador prepara platos tradicionales con un toque de su Brasil natal en este restaurante de alta cocina.

2. Casa Vasco

P3   Rua do Padrão 152   Lu
casavasco.pt · €€

Los *petiscos* de influencia latina de este moderno restaurante, entre ellos quesadillas de langostinos y ceviche de pescado blanco, tienen un intenso sabor marinero.

3. Pedro Lemos

Q4   Rua do Padre Luís Cabral 974   pedrolemos.net · €€€

Este restaurante es perfecto para una comida especial. Los menús degustación incluyen ingredientes de temporada y vinos de la región.

4. A Capoeira

P4   Esplanada do Castelo 63
226 181 589   Do · €€

Este restaurante destaca por las carnes y los productos del mar.

5. Casa Rocha

P3   Rua da Senhora da Luz 424
910 320 262   Mediodía do y ma, mi y sá · €

Menú modesto, con platos como *bolinhos de bacalhau* (buñuelos de bacalao) y *alheiras* (salchichas).

6. Xícara

P3   Rua de Gondarém 912
226 180 401   Do · €

Xícara es más que una simple tetería. En este establecimiento se pueden tomar deliciosos tés, tartas y galletas y multitud de platos salados tradicionales.

7. Bar Tolo

P3   Rua da Senhora da Luz 185
224 938 987   Ma · €€

Magnífico para empaparse de vistas mientras se toman *petiscos,* platos de pescado y una jarra de sangría.

8. Tentações no Prato

P3   Rua da Senhora da Luz 97
226 182 738   Lu y do noche · €

Menú tradicional en una animada taberna próxima al mar. Conviene reservar con antelación.

9. Cêpa Torta

P3   Rua de Gondarém
226 181 056   Do · €€

Platos de pasta, asequibles y suculentos, con salsas variadas.

10. Tavi

P3   Rua da Senhora da Luz 363
tavi.pt · €

Esta *confeitaria* (pastelería), famosa por sus pastas, tartas frías, *bolos de arroz* y demás tartas, es una de las favoritas entre los vecinos de Foz do Douro.

Comiendo en la azotea de Tavi

DATOS ÚTILES

Sardinas en lata, recuerdo típico de Opor

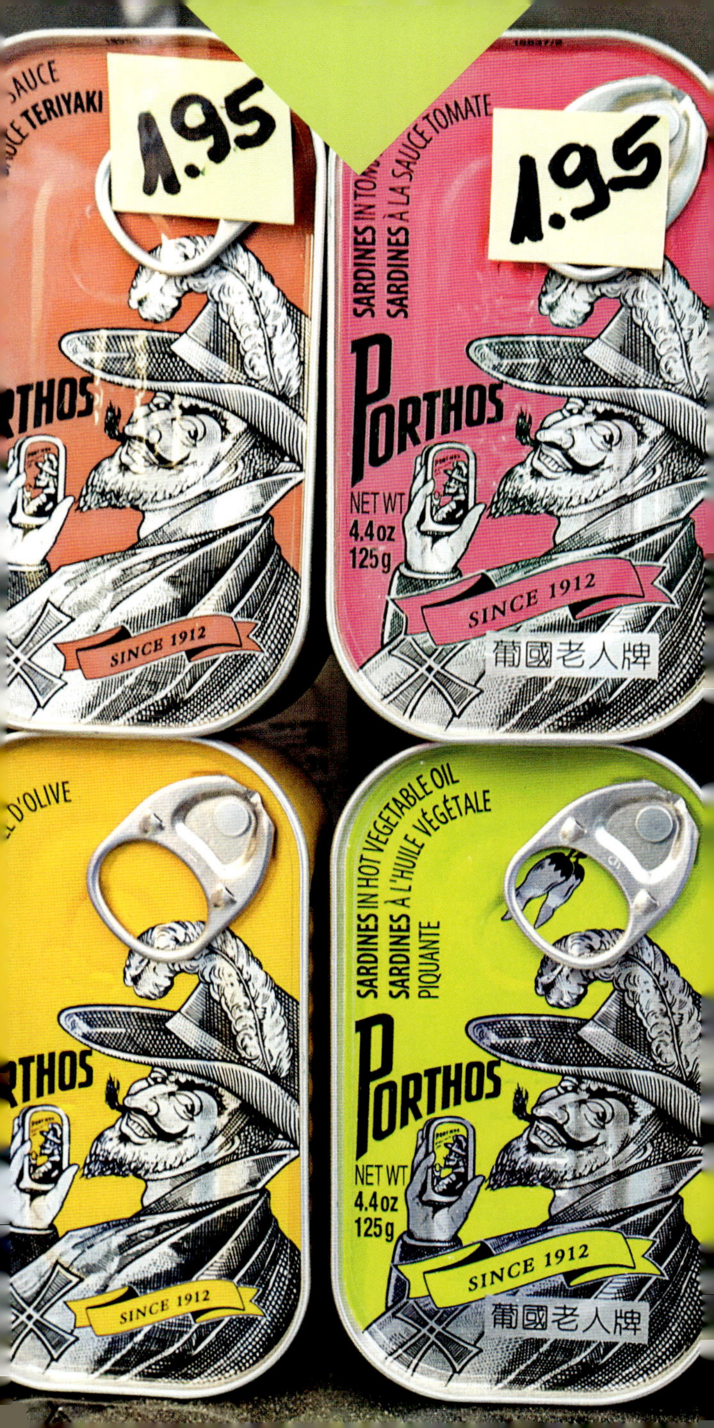
1.95
SINCE 1912
SARDINES À LA SAUCE TOMATE
1.95
PORTHOS
NET WT
4.4 oz
125 g
SINCE 1912
葡國老人牌
SINCE 1912
SARDINES IN HOT VEGETABLE OIL
SARDINES À L'HUILE VÉGÉTALE
PIQUANTE
PORTHOS
NET WT
4.4 oz
125 g
SINCE 1912
葡國老人牌

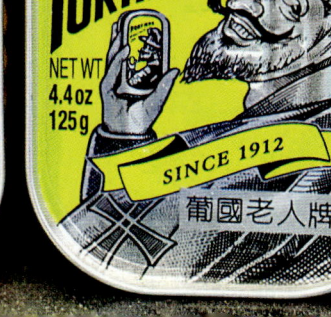

CÓMO LLEGAR Y MOVERSE

Ya sea a pie o en transporte público, aquí está toda la información necesaria para recorrer la ciudad y sus alrededores como un portuense.

DE UN VISTAZO

PRECIO DEL TRANSPORTE PÚBLICO

METRO

1,50 €

1 hora incluidos transbordos

AUTOBÚS

2 €

billete sencillo

TRANVÍA

3 €

billete sencillo

LÍMITES DE VELOCIDAD

AUTOPISTA

120 km/h

AUTOVÍA

100 km/h

CARRETERA SECUNDARIA

90 km/h

VÍAS URBANAS

50 km/h

Llegada en avión

El **aeropuerto Francisco Sá Carneiro** recibe vuelos desde muchas ciudades españolas. La línea E de metro comunica el aeropuerto con la ciudad en unos 20 minutos, con trenes cada 20-30 minutos. El autobús 601 comunica con el centro de la ciudad y también hay taxis que llevan al centro.

Aeropuerto Francisco Sá Carneiro
W aeroportoporto.pt

Llegada en tren

Se puede viajar en tren hasta Lisboa y luego tomar un Alfa Pendular de **Comboios de Portugal** hasta la Estação de Campanhã en Oporto, situada a 2 km al oeste del centro. El metro comunica Campanhã con la céntrica Estação de São Bento. También se puede llegar a Oporto desde Vigo en el tren Celta. **Renfe** vende los billetes en su web.

Comboios de Portugal
W cp.pt
Renfe
W renfe.com

Llegada en autobús

Los autobuses que llegan a Oporto desde España paran en la estación Casa da Música, desde donde se puede llegar al centro a pie o en metro, o bien en la céntrica estación Garagem Atlântico. **Internorte** opera tanto dentro del país como en destinos de toda Europa. Las compañías **Rede Expressos, Flixbus** y **Alsa** viajan a Oporto desde varias ciudades españolas.

Alsa
W alsa.es
Flixbus
W flixbus.pt
Internorte
W internorte.pt
Rede Expressos
W rede-expressos.pt

Llegada en barco

Los barcos amarran en la **Terminal de cruceros de Oporto**, en Leixões, a unos 8 km del centro. La línea de metro procedente de la estación de Mercado y los tranvías de Matosinhos Sul conectan con la terminal.

Terminal de cruceros de Oporto
W leixoes.apdl.pt

Transporte público

Oporto dispone de una moderna red de metro, gestionada por **Metro do Porto,** mientras los servicios de autobús y tranvía son competencia de los servicios municipales de Oporto **(STCP).**

Metro do Porto
Ⓦ metrodoporto.pt
STCP
Ⓦ stcp.pt/pt/viajar/

Billetes

La mejor opción para utilizar el transporte público es la tarjeta recargable **Andante Tour,** válida para metro, autobuses y algunas líneas de tren de cercanías. Esta tarjeta no se puede utilizar en tranvías, funiculares, barcos y teleféricos. Las tarjetas pueden recargarse para un trayecto, varios o viajes ilimitados durante 24 o 72 horas. Los precios dependen de cuántas zonas de viaje se vayan a necesitar.

Andante Tour
Ⓦ andante.pt

Metro

Seis líneas conectan el centro de la ciudad con el aeropuerto y los barrios periféricos. Todas las líneas convergen en la parada de Trinidade, en el extremo norte de la Avenida dos Aliados. Los trenes funcionan de 6.00 a 1.00. Está previsto que la nueva línea G, actualmente en construcción y que conectará Boavista con el centro, entre pronto en funcionamiento.

Autobuses

Los autobuses llegan a todos los rincones de la ciudad, con puntos de conexión importantes como Jardim da Cordoaria, Praça Almeida Garrett (frente a la Estação de São Bento), Avenida dos Aliados y la estación de metro de Casa da Música. El servicio regular funciona de 6.00 a 24.00, cuando comienzan los servicios nocturnos más reducidos.

Tranvías

Los tranvías antiguos *(carros eléctricos)* de Oporto son una atracción en sí mismos y realizan un recorrido panorámico junto al río hasta Foz do Douro. Los billetes se pueden comprar al conductor.

Funicular

El **Teleférico de Gaia** comunica el muelle de Vila Nova de Gaia con el Jardim do Morro. El **Funicular dos Guindais** asciende una empinada colina entre Ribeira y Batalha.

Funicular dos Guindais
Ⓦ stcpservicos.pt/transporte-publico/funicular-dos-guindais
Teleférico de Gaia
Ⓦ gaiacablecar.com

Taxis

Hay paradas de taxi en el aeropuerto, en las principales estaciones de tren y plazas del centro. Los taxis llevan taxímetro. **Táxis Invicta** es una de las compañías para reservas.

Táxis Invicta
Ⓦ taxisinvicta.com

Conducir en Oporto

Las calles del centro de Oporto son estrechas y con tráfico, por lo que no es recomendable moverse en coche. Sin embargo, se puede alquilar un vehículo para llegar a las *quintas* y bodegas. Hay que llevar siempre en el coche el pasaporte, el permiso de conducir y los documentos del seguro. El Automóvel Club de Portugal **(ACP)** tiene un servicio de ayuda por averías con la mayoría de organizaciones de automovilistas.

ACP
Ⓦ acp.pt

En bicicleta

Oporto no es una ciudad ideal para la bicicleta. Por el contrario, las rutas a orillas del Duero son sencillas y magníficas para descubrir el río. Se puede alquilar bicicletas (también eléctricas) en varias compañías, como **Biclas & Triclas,** situada frente al río.

Biclas & Triclas
Ⓦ tricla.pt

A pie

La mejor manera de recorrer el casco histórico de Oporto es hacerlo a pie. Las empinadas calles entre el barrio de la catedral y Ribeira pueden resultar agotadoras, pero hay muchos sitios para ir haciendo paradas. También se puede atravesar el Duero a pie por el Ponte Dom Luís I.

INFORMACIÓN PRÁCTICA

Conocer la información local ayuda a moverse con facilidad por Oporto. Aquí están todos los consejos e información esencial que pueden resultar necesarios durante la estancia.

DE UN VISTAZO

MONEDA
Euro (EUR)

GASTO MEDIO DIARIO

BAJO	MEDIO	ALTO
35 €	70 €	+150 €

AGUA MINERAL	CAFÉ	CERVEZA	CENA PARA DOS
0,80 €	1 €	3 €	45 €

FRASES ÚTILES

Hola	Olá
Gracias	Obrigado/Obrigada
Por favor	Por favor
Adiós	Adeus
¿Habla español?	Fala espanhol?
No comprendo	Não comprendo

ENCHUFES
Los enchufes son de tipo F, con dos clavijas redondas. El voltaje estándar es de 220-240v.

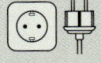

Documentación

Los ciudadanos españoles solo necesitan disponer de un DNI válido para viajar a Portugal. En caso de pérdida o robo de dicho documento durante el viaje, es imprescindible realizar una denuncia en una comisaría para posteriormente solicitar una nueva documentación en el **Consulado General de España en Oporto.** Para otros requisitos de entrada, incluidos visados, hay que consultar a la embajada portuguesa más próxima o la página web del Ministerio de Asuntos Exteriores de Portugal.
Consulado General de España en Oporto
Ⓦ exteriores.gob.es/consulados/oporto/es

Consejos oficiales

Es importante tener en cuenta los consejos oficiales antes de viajar. Se puede consultar la información actualizada sobre seguridad, sanidad y otras cuestiones importantes tanto en la web del **Ministerio de Asuntos Exteriores** como en la del **Gobierno de Portugal.**
Ministerio de Asuntos Exteriores, Unión Europea y Cooperación
Ⓦ exteriores.gob.es
Gobierno de Portugal
Ⓦ portaldiplomatico.mne.gov.pt

Información de aduanas

Para los ciudadanos de la UE no hay límite de artículos para entrar o salir del país. Se puede encontrar más información en la página web de **Visit Portugal.**
Visit Portugal
Ⓦ visitportugal.com

Seguro de viaje

Es recomendable contratar un seguro de viaje que cubra el robo, la pérdida de objetos personales, atención médica, cancelaciones y demoras. Para recibir asistencia médica de urgencia en Portugal los ciudadanos de la UE deben

presentar la **Tarjeta Sanitaria Europea (TSE)** en vigor.
Tarjeta Sanitaria Europea (TSE)
W seg-social.es

Vacunas
No se exige ninguna vacuna para entrar en Portugal.

Dinero
En la mayoría de establecimientos de las ciudades se aceptan las principales tarjetas de crédito, débito y prepago. El pago *contactless* está cada vez más extendido en Oporto, pero las tiendas y restaurantes más pequeños a menudo aceptan únicamente tarjetas portuguesas y siempre conviene llevar dinero en efectivo para pequeños pagos. Hay cajeros electrónicos por toda la ciudad.

Lo normal en los taxis o restaurantes es dejar una propina del 10 %; a los mozos de hotel y camareras de piso se les suele dar 1 o 2 € por bulto o día.

Viajeros con necesidades específicas
Muchos barrios de Oporto, en especial Baixa, Ribeira y Vila Nova de Gaia, son extremadamente pendientes y tienen muchas calles adoquinadas y escaleras muy empinadas, lo que las convierte en muy exigentes para los usuarios de silla de ruedas. En los últimos años han mejorado muchas instalaciones y, aunque los tranvías no tienen accesos para personas con discapacidad, el metro y los trenes son accesibles para sillas de ruedas. El aeropuerto Francisco Sá Carneiro de Oporto ofrece un servicio de asistencia llamado **MyWay** a cualquier pasajero que necesite ayuda en el aeropuerto. Para más información sobre servicios locales, hay que consultar al **Instituto Nacional para a Reabilitaçao** o a **Visit Portugal.**
Tourism For All ofrece paquetes de viaje especializados y **Accessible Portugal** proporciona información completa sobre cómo viajar con movilidad reducida.

MyWay
W ana.pt
Instituto Nacional para a Reabilitação
W inr.pt
Visit Portugal
W visitportugal.com/es/experiencias/turismo-acessivel
Tourism For All
W tourism-for-all.com
Accessible Portugal
W accessibleportugal.com

Idioma
El portugués es muy parecido al castellano, por lo que resulta muy fácil de leer. La pronunciación, sin embargo, es más difícil. En general, los ciudadanos portugueses entienden perfectamente a los hispanohablantes, aunque siempre son bien recibidas unas palabras básicas en su idioma.

Horarios
Los bancos abren de 8.30 a 15.00 de lunes a viernes.

Las tiendas permanecen abiertas de 9.00 a 13.00 y de 14.00 a 19.00 los días laborables; los sábados suelen abrir hasta el mediodía y los domingos cierran. Algunos centros comerciales grandes abren todos los días hasta las 22.00.

Los restaurantes suelen abrir al mediodía de 12.00 a 15.00 y por la noche de 19.00 a 23.30.

Muchos museos, edificios públicos y monumentos abren de 9.30 a 18.00 de martes a domingo y algunos cierran al mediodía; conviene consultar la página web de cada uno. Muchos también cierran antes o todo el día durante los festivos.

Las circunstancias pueden cambiar repentinamente. Antes de visitar museos, monumentos u otros lugares de interés, consulte los horarios actualizados y las formalidades de reserva.

Seguridad personal

Oporto es una ciudad relativamente segura, aunque pueden producirse pequeños delitos. Se debe tener cuidado con los carteristas, sobre todo en los transportes públicos, y tomar algunas precauciones básicas como guardar los objetos de valor en lugar seguro y mantenerse alerta ante lo que ocurre alrededor. No hay que olvidar cerrar bien el coche y dejar los objetos fuera de la vista. En caso de sufrir un robo, se debe denunciar en la comisaría más cercana en las siguientes 24 horas; hay que llevar el DNI y quedarse con una copia de la denuncia para reclamar al seguro. En caso de robo del pasaporte, delito grave o accidente se recomienda contactar con la embajada. En Oporto, los turistas pueden denunciar ataques, robos o pérdidas a la **Esquadra de Turismo,** un cuerpo de policía especializado en turismo. Tiene una comisaría en Praça Pedro Nunes 16, cerca de la Casa da Música. Los funcionarios de la Esquadra de Turismo hablan varios idiomas.

Los portugueses suelen aceptar a todas las personas, al margen de su raza, género u opción sexual. La homosexualidad se legalizó en 1982 y en 2010 Portugal fue el octavo país del mundo que reconoció los matrimonios entre personas del mismo sexo. Si no se siente seguro en cualquier lugar, **Intervenção Lésbica, Gay, Bissexual, Trans e Intersexo** ofrece apoyo.

Esquadra de Turismo
Ⓦ 222 081 833
Intervenção Lésbica, Gay, Bissexual, Trans e Intersexo
Ⓦ ilga-portugal.pt

Salud

Portugal tiene un sistema sanitario de primera. En Portugal, la atención médica es gratuita para los ciudadanos de la UE. Si se tiene la **Tarjeta Sanitaria Europea (TSE)** *(p. 111)*, hay que presentarla lo antes posible. Tal vez haya que pagar por el tratamiento y reclamar la devolución al seguro posteriormente. Si se viaja desde países no miembros de la UE, los gastos médicos y hospitalarios corren por cuenta del paciente, en cuyo caso es conveniente contratar un seguro médico antes de viajar a Portugal.

Los medicamentos y consejos para dolencias menores se pueden solicitar en las *farmácias.* Las farmacias se reconocen por su cruz verde, igual que en España. Cuando una farmacia está cerrada, coloca un cartel en el

---

DE UN VISTAZO

NÚMEROS DE EMERGENCIA

URGENCIAS EN GENERAL

112

AMBULANCIAS

112

BOMBEROS

112

POLICÍA

112

ZONA HORARIA
Portugal sigue el huso horario del GMT, es decir, una hora menos respecto a la España peninsular.

AGUA DEL GRIFO
A menos que se indique lo contrario, el agua del grifo es potable.

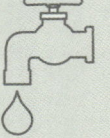

PÁGINAS WEB Y *APPS*

Citymapper
Informa sobre todos los medios de transporte de la ciudad, incluidas rutas en bicicleta o a pie.

Visit Porto
Página web oficial de la oficina de turismo *(visitporto.travel).*

Metro do Porto
App muy práctica para recorrer la red de metro de Oporto.

Viral Agenda
Información sobre eventos que tienen lugar en Oporto *(www.viralagenda.com/pt/porto).*

escaparate con la dirección de la farmacia abierta más cercana. Para problemas más graves o emergencias, se puede acudir al **Hospital Geral de Santo António.**

Hospital Geral de Santo António
w chporto.pt

Tabaco, alcohol y drogas
En la mayoría de lugares públicos está prohibido fumar y se puede recibir una multa por no respetarlo, aunque en algunos bares todavía está permitido.

Aunque beber alcohol es una práctica habitual en Portugal, mostrarse ebrio despierta malos gestos. En las ciudades es habitual beber en la calle.

En Portugal, el consumo de drogas está despenalizado, pero la posesión de cualquier cantidad, por pequeña que sea, está considerada un delito contra la salud pública y se traduce en una advertencia o una pequeña multa.

Carné de identidad
En Portugal es obligatorio por ley ir identificado en todo momento. Si la policía nos detiene y lo solicita, tal vez se nos pida que nos presentemos en una comisaría con el documento original.

Visitar lugares de culto
La mayoría de las iglesias y catedrales no admiten visitas durante la misa dominical. Por lo general, la entrada a las iglesias es gratuita; sin embargo, a veces se cobra por acceder a determinadas zonas, como los claustros o las criptas.

Cuando se visitan edificios religiosos conviene vestir discretamente, con las rodillas y los hombros cubiertos.

Turismo responsable
En las playas de Oporto, hay que intentar usar crema solar respetuosa con los arrecifes y asegurarse de no dejar impacto llevándose toda la basura. Siempre que sea posible, se debe apoyar a los negocios locales comprando directamente a los artesanos y evitar comprar azulejos en los mercadillos y tiendas de segunda mano, ya que pueden ser robados. La página web **Yours Truly, Porto** contiene información práctica sobre iniciativas de sostenibilidad en la ciudad y el

Manifiesto de Turismo de la ciudad ofrece consejos sobre prácticas sostenibles.
Yours Truly, Porto
w yourstruly.porto.pt

Teléfonos móviles y wifi
En Portugal todavía no es habitual encontrar puntos de conexión wifi gratuitos, aunque suele haber en algunos restaurantes, cafés y bares, sobre todo en los dirigidos a los turistas.

Los titulares de una línea de teléfono móvil española pueden realizar llamadas, enviar mensajes de texto y conectarse a Internet en Portugal con los mismos precios y condiciones que tiene su tarifa nacional.

Correos
CTT Correios de Portugal es el servicio postal de Portugal. Hay oficinas de correos por todo Oporto. La oficina central está en la Praça da Trindade, cerca de la Câmara Municipal do Porto (ayuntamiento). Los sellos se compran en las oficinas de turismo, quioscos de prensa y por Internet. El correo urgente se denomina *correio azul* y se echa en los buzones azules; el ordinario es el *correio normal* y se echa en los buzones rojos.
CTT Correios de Portugal
w ctt.pt

Impuestos y devoluciones
El IVA suele ser del 23 %. En según qué condiciones, los ciudadanos de la UE pueden reclamar la devolución. O bien hay que reclamar la devolución antes de la compra (mostrando el pasaporte al dependiente y cumplimentando un formulario) o bien hay que presentar las facturas a un funcionario de aduanas al salir del país.

Tarjetas de descuento
La **Porto Card** ofrece acceso con descuento a exposiciones, eventos y museos. Como la tarjeta no es gratis, antes de comprar una por toda la estancia vale la pena valorar con cuidado cuánto de lo que ofrece es probable que se aproveche.
Porto Card
w booking.visitportoandnorth.travel

DÓNDE ALOJARSE

El alojamiento en Oporto varía desde los elegantes hoteles de época a los acogedores hostales familiares. La zona más animada es la que rodea Ribeira y Baixa, mientras los alrededores de Foz do Douro ofrecen un tranquilo ambiente de playa.

Aunque Oporto suele estar menos abarrotada que Lisboa o el Algarve, los precios aumentan en temporada alta (julio y agosto). Las tarifas más económicas se consiguen de noviembre a febrero, pero hay que tener en cuenta que el invierno en Oporto puede ser frío y lluvioso.

> **PRECIOS**
> Por habitación doble (con desayuno, si está incluido), impuestos y otros cargos
> ·····················
> € menos de 120 €
> €€ 120-200 €
> €€€ más de 200 €

Ribeira y Baixa

The Passenger Hostel
🗺 G4 🏠 Estación de São Bento, Praça Almeida Garrett 🌐 thepassenger hostel.com · €

Este albergue situado sobre la estación de São Bento y con grandes ventanas es ideal para ver pasar los trenes y para tomar a tiempo el tren hacia el valle del Duero o la costa de Oporto. Además, su personal se asegura de que los clientes disfruten de la ciudad, con rutas semanales por bares y noches de karaoke.

Village by BOA
🗺 F3 🏠 Rua do Bonjardim 541 🌐 villagebyboa.com · €€

Lo que fuera un animado complejo de viviendas para la clase trabajadora en el corazón de Oporto, hoy es un pequeño pueblo de modernos apartamentos. Cada uno de ellos contiene muebles hechos a medida en Portugal y todo lo necesario para sentirse en casa: cocinas funcionales, salones tranquilos y escritorios. ¿Buscando un recuerdo de última hora? La pequeña tienda situada junto al hotel vende productos portugueses.

Torel Palace Porto
🗺 G4 🏠 Rua das Entreparedes 40 🌐 torel palaceporto.com · €€€

Con una gran claraboya, techos de estuco y fachada romántica, esta mansión restaurada del siglo XIX traslada a una época de grandeza. Cada habitación lleva el nombre de un escritor o poeta clásico portugués, y tiene una biblioteca bien surtida disponible en la entrada para sumergirse en la historia de Oporto.

Saboaria
🗺 G2 🏠 Rua do Bonjardim 564 🌐 saboariaporto.com · €€€

La antigua fábrica de jabón que antaño se alzaba aquí sirve de inspiración a este elegante aparthotel. Hay una tienda de jabones junto a la entrada que vende la famosa marca Claus Porto y organiza talleres de fabricación de jabón para huéspedes y visitantes. Todos los apartamentos dan a un jardín interior, que alberga un *jacuzzi*, actuaciones musicales y clases de yoga organizadas por el hotel.

M Maison Particulière Porto
🗺 F4 🏠 Largo de São Domingos 66 🌐 m-porto. com · €€€

Imposible pasar por alto este lujoso establecimiento situado al lado de la Igreja da Misericórdia, con su impresionante fachada barroca. La entrada del hotel tiene un diseño igualmente bonito, con techos de estuco, muebles antiguos y paredes de piedra vista. Muchas de las *suites* disponen de balcones o patios privados que dan a la comercial Rua das Flores o a la magnífica catedral de Oporto, por lo que nunca se está lejos de los lugares de interés de esta vibrante ciudad.

Hospes Infante Sagres

F3 **Praça D Filipa de Lencastre 62** **hospes.com/pt/infante-sagres-porto · €€€**

Aunque el exterior de este hotel pueda parecer sencillo, el interior sorprende con sus vidrieras, hierro forjado y grandes murales de papel pintado. Las habitaciones son bastante amplias y en verano se puede disfrutar de la piscina de la azotea con vistas a lugares emblemáticos como la Torre dos Clérigos.

Condes de Azevedo Palace

G4 **Rua de Saraiva de Carvalho 93** **condesdeazevedopalace.com · €€€**

Condes de Acevedo es el alojamiento perfecto para los que deseen vivir en el centro de la ciudad. Sus amplios apartamentos tienen cocinas bien equipadas. Las mascotas son más que bienvenidas y los niños de hasta 12 años pagan solo el 50 % del precio de estancia: perfecto para viajar en familia.

Miragaia y Massarelos

Gallery Hostel Porto

E4 **Rua de Miguel Bombarda 222** **gallery-hostel.com · €**

A solo unos pasos del barrio artístico de Oporto, este albergue se combina con una galería de arte,

donde cada habitación lleva el nombre de un artista local. Se puede elegir entre dormitorios compartidos, habitaciones individuales o apartamentos, y cuenta con un programa que incluye talleres de cócteles y catas de vino.

Selina Porto

F3 **Rua das Oliveiras 61** **selina.com · €**

En este refugio de Oporto, mitad hotel, mitad espacio de *coworking*, se puede trabajar antes de apuntarse a una ruta por los bares, una visita a pie o una cata de vino de oporto, todo ello organizado por el hotel. Selina es además propietaria de una de las mejores coctelerías de Oporto, Torto, situada a la vuelta de la esquina.

Rosa Et Al

E3 **Rua do Rosário 233** **rosaetal.com · €€**

Con solo siete *suites* y jardín privado, en esta residencia de gestión familiar se puede disfrutar del *brunch*, del té de las cinco, de las cenas y del asado del domingo, además de aprender a preparar platos tradicionales portugueses en uno de sus talleres culinarios.

1872 River House

F5 **Rua do Infante D Henrique 133** **olivia houses.com · €€**

A pocos pasos de Cais da Ribeira, este hotel tiene un aire rústico, con

paredes de piedra, suelos de madera y habitaciones con vistas al río, aunque lo más peculiar es su colorido pasillo de entrada con vidrieras y azulejos. El desayuno, incluido en el precio, ofrece una selección de productos horneados de panadería, en su mayoría caseros.

Menina Colina Guesthouse

F3 **Rua Dr Alberto Aires de Gouveia 15-19** **menina-colina.pt · €€**

Esta acogedora pensión es ideal para escapar del bullicio del centro, pero sin alejarse demasiado de algunos de sus lugares de interés. Su jardín trasero es un apacible oasis con alegres flores de colores, la cafetería abre todo el día y las habitaciones tienen balcones con vistas a la vegetación. Su único inconveniente es que no tiene ascensor.

Mo House

F4 **Rua de Belmonte 81** **mohouse.pt · €€**

Ubicado junto a importantes joyas arquitectónicas como el Palácio da Bolsa y la Igreja de São Francisco, Mo House ofrece una amplia gama de habitaciones y apartamentos con capacidad para alojar hasta seis personas, algunos con vistas al río. Todos los alojamientos disponen de cocina americana, aunque el desayuno está incluido en el precio.

Hotel das Virtudes

📍 E4 🏠 Rua São Pedro de Miragaia 60 🌐 hoteldas virtudes.pt · €€€

Este hotel transmite cierto aire medieval, tal vez por la estrecha calle empedrada que conduce a la entrada o por las paredes de piedra originales de la fachada y el salón interior de su edificio del siglo XVI. Sin embargo, también ofrece todas las comodidades modernas como habitaciones totalmente equipadas, cócteles en la azotea y masajes después de un día de turismo.

Boavista

Porto Deluxe Apartments

📍 C1 🏠 Avenida da Boavista 741 🌐 porto-deluxe.com · €

Una serie de edificios históricos de la Avenida da Boavista se han renovado para albergar estas modernas *suites* y apartamentos de uno a tres dormitorios. Los que no dispongan de cocina privada, pueden utilizar la compartida. Y si se quiere dar un paseo por la costa, no hay más que pedir una bicicleta al personal del hotel.

Porto Music Guesthouse

📍 C1 🏠 Avenida da Boavista 601 🌐 porto musicguesthouse.com · €

Esta pequeña pensión de solo siete habitaciones es una opción asequible en Boavista. Su ubicación

frente a la Casa da Música la convierte en el lugar perfecto para relajarse tras asistir a un concierto. El desayuno está incluido y algunas habitaciones cuentan además con una pequeña cocina; el estudio tiene incluso un horno.

UBA – Heritage and Wine

📍 E2 🏠 Rua da Igreja de Cedofeita 67 🌐 ubaporto. com · €€

Los portuenses suelen cambiar los sonidos "v" por "b" y por eso este lugar se llama Uba en lugar de Uva. En esta propiedad de solo tres habitaciones, cada una con el nombre de una variedad de uva portuguesa distinta, la estancia acogedora está garantizada gracias a la propietaria Luísa y a su abuela Lai.

Casa do Conto

📍 E2 🏠 Rua da Boavista 703 🌐 tipografiadoconto. com · €€

Las paredes y techos de este hotel de estilo industrial tienen palabras grabadas que cuentan la historia de la casa desde el punto de vista de un arquitecto, destacando ciertos aspectos. El mobiliario es bastante minimalista, con piezas de los años 1950 por todo el hotel, sobre todo en el salón, mientras el jardín ofrece un respiro frente a la bulliciosa Avenida da Boavista.

Hotel One Shot Palácio Cedofeita

📍 E2 🏠 Rua de Cedofeita 407 🌐 hoteloneshot palaciocedofeita.com · €€€

Entre Boavista y el barrio artístico de Oporto se encuentra esta mansión del siglo XIX que acogió en su día a familias de la nobleza. Actualmente es un hotel con encanto que conserva muchas de sus características originales, desde los azulejos y los techos de madera tallada de la Grand Suite a las vidrieras que iluminan las salas comunes.

Vila Nova de Gaia

The House of Sandeman

📍 F5 🏠 Largo Miguel Bombarda 67 🌐 thehouse ofsandeman.pt · €

Las camas de este elegante albergue tienen estructuras que recuerdan barricas de vino, algo lógico ya que pertenece a la casa Sandeman Port (la bodega está justo enfrente). Desde su terraza se puede disfrutar de un oporto con unas vistas increíbles de Ribeira.

7g Roaster Apartments

📍 F5 🏠 Rua França 52 🌐 apartments.7groaster. pt · €€

Alojarse en 7g significa poder disfrutar de buen café en una espaciosa terraza. Sus modernos apartamentos son perfectos para familias y algunos están adaptados para personas con movilidad reducida. Tras una buena noche de sueño y una taza de expreso recién hecho, es momento para salir a recorrer las calles de Gaia.

Oh! Porto

📍 G5 🏠 Calçada da Serra 85 🌐 ohporto.com · €€

Sus seis apartamentos llevan el nombre de cada uno de los seis puentes de Oporto, aunque todos ellos se encuentren junto al más emblemático de todos, el Ponte Dom Luís I. Este es además el mejor de la casa, con capacidad para hasta seis personas y un balcón privado con vistas al Duero.

Caléway Hotel

📍 F6 🏠 Rua Cândido dos Reis 182 🌐 calewayhotel portogaia.com · €€

A pesar de que este encantador hotel está algo alejado de la ribera, se encuentra a un corto paseo de muchas bodegas de oporto, así como del World of Wine y sus museos. Las habitaciones son relativamente espaciosas y la mayoría tienen vistas a un jardín salpicado de nísperos.

The Rebello Hotel & Spa

📍 E5 🏠 Cais de Gaia 380 🌐 therebello.com · €€€

Inaugurado en 2023, el Rebello es una de las últimas incorporaciones a la costa de Gaia. Este

aparthotel de cinco estrellas, antaño una bodega de oporto y una fábrica de utensilios de cocina, cuenta con todas las comodidades de una estancia de lujo, desde un *spa* inspirado en baños romanos, hasta una azotea con vistas al Duero. Incluso las mascotas cuentan con cama personalizada y snacks.

The Yeatman

📍 F6 🏠 Rua do Choupelo 🌐 the-yeatman-hotel. com · €€€

The Yeatman es el epítome del lujo. Casi todas sus habitaciones dan al río y algunas tienen características peculiares, como camas dentro de barricas de vino. Su bien surtida bodega, el *spa* y el restaurante con dos estrellas Michelin dirigido por el chef Ricardo Costa son otras de sus prestaciones.

Foz do Douro

Duas Portas

📍 Q4 🏠 Rua das Sobreiras 516 🌐 duasportas.com · €€

Este pequeño hotel minimalista, diseñado por tres mujeres de la misma familia, está justo frente a la parada del tranvía que va hacia Foz do Douro. Cada una de sus ocho habitaciones tiene vistas al río o a los jardines privados. Tranquilo y acogedor es como un hogar fuera de casa.

Casa da Marechal Boutique Hotel

📍 N2 🏠 Rua Marechal Saldanha 422 🌐 oporto collection.com/casada marechal · €€€

Es fácil reconocer la Casa da Marechal gracias a su fachada azul que recuerda al mar, situado a solo unos pasos. Este hotel solo para adultos está a pocos minutos a pie de la playa. También cuenta con una piscina al aire libre y una sauna para los que prefieran quedarse en el hotel.

Villa Foz Hotel & Spa

📍 N2 🏠 Avenida Montevideu 236 🌐 villa fozhotel.pt · €€€

En este hotel frente al mar, de fachada verde y agujas puntiagudas que parece sacado de una película de Disney, se puede cenar en un restaurante con estrella Michelin o salir de pícnic al cercano Parque da Cidade. También dispone de bicicletas para ir a explorar la costa.

Flattered to be in Porto

📍 P4 🏠 Rua Senhora da Luz 145 🌐 flattered apartments.com · €€€

Iluminación, mobiliario, obras de arte…, todo en estos apartamentos ha sido seleccionado por un equipo de diseñadores locales. En algunas habitaciones se puede disfrutar de las vistas del Atlántico con una copa de oporto (cortesía de la carta).

ÍNDICE

FRASES ÚTILES

En caso de emergencia

¡Socorro!	Socorro!
¡Alto!	Pare!
¡Llame a un médico!	Chame um médico!
¡Llame una ambulancia!	Chame uma ambulância!
¡Llame a la policía!	Chame a polícia!
¡Llame a los bomberos!	Chame os bombeiros!
¿Dónde hay un teléfono?	Há um telefone aqui perto?
¿Dónde está el hospital más próximo?	Onde é o hospital mais próximo?

Comunicación básica

Sí	Sim
No	Não
Por favor	Por favor / Faz favor
Gracias	Obrigado/da
Perdón	Desculpe
Hola	Olá
Adiós	Adeus
Buenos días	Bom dia
Buenas tardes	Boa tarde
Buenas noches	Boa noite
Ayer	Ontem
Hoy	Hoje
Mañana	Amanhã
Aquí	Aqui
Allí	Ali
¿Qué?	O quê?
¿Cuál?	Qual?
¿Cuándo?	Quando?
¿Por qué?	Porquê?
¿Dónde?	Onde?

Frases habituales

¿Cómo está usted?	Como está?
Muy bien, gracias	Bem, obrigado/da
Encantado/a de conocerle	Prazer
Hasta luego	Até logo
De acuerdo/está bien	Está bem
¿Dónde estará/an...?	Onde está/estão ... ?
¿A qué distancia está...?	A que distância fica ... ?
¿Cómo se va a...?	Como se vai para ... ?
¿Habla usted español?	Fala espanhol?
No entiendo	Não compreendo
¿Podría hablar más despacio, por favor?	Pode falar mais devagar por favor?
Lo siento	Desculpe

Palabras habituales

grande	grande
pequeño	pequeno
caliente	quente
frío	frio
bueno	bom
malo	mau
bastante	bastante
bien	bem
abierto	aberto
cerrado	fechado
izquierda	esquerda
derecha	direita
todo recto	em frente
cerca	perto
lejos	longe
arriba	para cima
abajo	para baixo
temprano	cedo
tarde	tarde
entrada	entrada
salida	saída
aseos	casa de banho
más	mais
menos	menos

Al teléfono

Quisiera poner una llamada internacional	Queria fazer uma chamada internacional
una llamada urbana	uma chamada local
¿Podría dejar un mensaje?	Posso deixar uma mensagem?

De compras

¿Cuánto cuesta esto?	Quanto custa isto?
Quisiera...	Queria ...
Solo estaba mirando, gracias	Estou só a ver obrigado/a
¿Aceptan tarjetas de crédito?	Aceita cartões de crédito?
¿A qué hora abren?	A que horas abre?
¿A qué hora cierran?	A que horas fecha?
Este	Este
Ese	Esse
caro	caro
barato	barato
talla (ropa/número de calzado)	tamanho
blanco	branco
negro	preto
rojo	vermelho

amarillo	amarelo
verde	verde
azul	azul

Tipos de tiendas

tienda de antigüedades	loja de antiguidades
panadería	padaria
banco	banco
librería	livraria
carnicería	talho
pastelería	pastelaria
farmacia	farmácia
pescadería	peixaria
peluquería	cabeleireiro
mercado	mercado
quiosco de prensa	quiosque
oficina de correos	correios
zapatería	sapataria
supermercado	supermercado
estanco	tabacaria
agencia de viajes	agência de viagens

Visitas

catedral	sé
iglesia	igreja
jardín	jardim
biblioteca	biblioteca
museo	museu
oficina de turismo	posto de turismo
cerrado por vacaciones	fechado para férias
estación de autobuses	estação de autocarros
estación de ferrocarril	estação de comboios

En el hotel

¿Tienen habitaciones?	Tem um quarto livre?
habitación con baño	um quarto com casa de banho duche
habitación individual	quarto individual
habitación doble	quarto de casal
habitación con dos camas	quarto com duas camas
portero	porteiro
llave	chave
Tengo una reserva	Tenho um quarto reservado

En el restaurante

¿Tienen mesa para…?	Tem uma mesa para …?
Quisiera reservar mesa	Quero reservar uma mesa
La cuenta, por favor	A conta por favor / faz favor
Soy vegetariano/a	Sou vegetariano/a
Por favor,	Por favor! / Faz favor!
la carta	a lista

menú de precio fijo	a ementa turística
la carta de vinos	a lista de vinhos
una copa	um copo
una botella	uma garrafa
media botella	meia-garrafa
un cuchillo	uma faca
un tenedor	um garfo
una cuchara	uma colher
un plato	um prato
una servilleta	um guardanapo
desayuno	pequeno-almoço
comida	almoço
cena	jantar
cubierto	couvert
entrante	entrada
primer plato	prato principal
plato del día	prato do dia
plato combinado	combinado
media ración	meia-dose
postre	sobremesa
poco hecho	mal passado
normal/al punto	médio
muy hecho	bem passado

La carta

abacate	aguacate
açorda	sopa de ajo (a menudo con pescado)
açúcar	azúcar
água mineral	agua mineral
(com gás)	(con gas)
(sem gás)	(sin gas)
alho	ajo
alperce	albaricoque
amêijoas	almejas
ananás	piña
arroz	arroz
assado	asado
atum	atún
aves	ave
azeite	aceite
azeitonas	aceitunas
bacalhau	bacalao
banana	plátano
batatas	patatas
batatas fritas	patatas fritas
batido	batido
bife	filete
bolacha	galleta
bolo	pastel, bollo
borrego	cordero
caça	carne de caza
café	café
camarões	gambas
caracóis	caracoles
caranguejo	cangrejo
carne	carne

cataplana	guiso en cataplana
cebola	cebolla
cerveja	cerveza
chá	té
cherne	mero
chocolate	chocolate
choco	sepia
chouriço	chorizo
churrasco	churrasco
cogumelos	setas
cozido	cocido
enguias	anguilas
fiambre	fiambre
fígado	hígado
frango	pollo
frito	frito
fruta	fruta
gambas	gambas
gelado	helado
gelo	hielo
goraz	besugo
grelhado	al grill
iscas	hígado marinado
lagosta	langosta
laranja	naranja
leite	leche
limão	limón
limonada	limonada
linguado	lenguado
lulas	calamares
maçã	manzana
manteiga	mantequilla
marisco	marisco
meia-de-leite	café con leche
ostras	ostras
ovos	huevos
pão	pan
pastel	pastel
pato	pato
peixe	pez
peixe-espada	pez espada
pimenta	pimienta
polvo	pulpo
porco	cerdo
queijo	queso
sal	sal
salada	ensalada
salsichas	salchichas
sandes	sándwich
santola	centollo
sopa	sopa
sumo	zumo
tamboril	rape
tarte	tarta
tomate	tomate
torrada	tostada
tosta	sándwich a la plancha

vinagre	vinagre
vinho branco	vino blanco
vinho tinto	vino tinto
vitela	ternera

Números

0	**zero**
1	**um**
2	**dois**
3	**três**
4	**quatro**
5	**cinco**
6	**seis**
7	**sete**
8	**oito**
9	**nove**
10	**dez**
11	**onze**
12	**doze**
13	**treze**
14	**catorze**
15	**quinze**
16	**dezasseis**
17	**dezassete**
18	**dezoito**
19	**dezanove**
20	**vinte**
21	**vinte e um**
30	**trinta**
40	**quarenta**
50	**cinquenta**
60	**sessenta**
70	**setenta**
80	**oitenta**
90	**noventa**
100	**cem**
101	**cento e um**
102	**cento e dois**
200	**duzentos**
300	**trezentos**
400	**quatrocentos**
500	**quinhentos**
700	**setecentos**
900	**novecentos**
1.000	**mil**

Tiempo

un minuto	**um minuto**
una hora	**uma hora**
media hora	**meia-hora**
lunes	**segunda-feira**
martes	**terça-feira**
miércoles	**quarta-feira**
jueves	**quinta-feira**
viernes	**sexta-feira**
sábado	**sábado**
domingo	**domingo**

AGRADECIMIENTOS

Edición actualizada por

Colaboración Joana Taborda

Edición sénior Alison McGill

Diseño sénior Laura O'Brien, Stuti Tiwari

Edición de proyecto Molly McCarthy

Diseño de proyecto Tanvi Sahu

Edición Vineet Singh

Iconografía Manpreet Kaur, Nishwan Rasool, Virien Chopra

Diseño de cubierta Laura O'Brien

Documentación fotográfica de cubierta Diana Jarvis

Cartografía Subhashree Bharati, Suresh Kumar, James Macdonald

Diseño DTP sénior Tanveer Zaidi

Diseño DTP Vikram Singh

Retoque de imágenes Pankaj Sharma

Producción sénior Samantha Cross

Responsable editorial adjunto Dharini Ganesh

Responsable editorial Beverly Smart

Edición de arte Gemma Doyle

Edición de arte sénior Priyanka Thakur

Dirección editorial Hollie Teague

Dirección de arte Maxine Pedliham

Dirección de publicación Georgina Dee

DK quiere dar las gracias a las siguientes personas por su contribución a la edición anterior: Luísa Santos Amorim, Robin Gauldie, Nike Westroh, Jacint Mig.

La editorial quiere agradecer a las siguientes personas, instituciones y compañías el permiso para reproducir sus fotografías:

(Leyenda: a-arriba; b-abajo; c-centro; f-extremo; l-izquierda; r-derecha; t-superior)

123RF.com: aivitalejniece 54, sopotniccy 61

4Corners: Reinhard Schmid 43t

Adobe Stock: R.M. Nunes 10clb, Rosana 41b

Alamy Stock Photo: adamzoltan 25t, Album / Archivo ABC / Ramón Alba 49b, AP Photo / Antonio Aguiar 11t, Martin Bertrand 60b, Michael Brooks 15t, 48, Classic Image 9tl, CPA Media Pte Ltd / Pictures From History 72b, Rob Tilley /

DanitaDelimont.com 43b, Keith Levit / Design Pics - Brand B 88t, Kathy deWitt 55b, Pavel Dudek 53t, Peter Eastland 107, Alexei Fateev 23br, Gi Cristóvão Photography 56-57, Paul Christian Gordon 34-35b, Jacques Pierre / Hemis.fr 13cl, 20, 77, 80, Olart Fabien / Hemis.fr 79t, Image Professionals GmbH / Elmenhorst Di JALAG, Thomas 36b, Image Professionals GmbH / Sabine Lubenow 32b, Image Professionals GmbH / TravelCollection 76b, imageBROKER / Karl F. Schoefmann 31t, 90, In These Moments Studio 59, INTERFOTO / History 10tr, Andrew Jankunas 12br, Jeffrey Isaac Greenberg 1+ 50t, Jeffrey Isaac Greenberg 11+ 89, M.Sobreira 37b, 38, 53b, 99, Dov Makabaw 17, 101b, Daniela Maria 35ca, Stefano Politi Markovina 11b, 16tc, João Miranda 60t, Jim Monk 36-37t, Trajano Paiva 9cr, Sean Pavone 73, Jose Elias / StockPhotosArt - Oporto / Porto 9cra, Alex Ramsay 9br, Simon Reddy 97t, robertharding / Frank Fell 71t, 93, Ilan Rosen 10tl, scenicireland.com / Christopher Hill Photographic 19, 21t, 32t, 101t, Peter Schickert 81, Bernadett Pogácsás-Simon 13clb, Rita Franca / SOPA Images / Sipa USA 66t, SOPA Images Limited 12cr, Nik R-H / Stockimo 64, Petr Svarc 14, The Picture Art Collection 10cl, John Voos 27t, Michael Wald 26, John G. Wilbanks 62t, Rob Wilkinson 87, Inna Zabotnova 75, Philipp Zechner 58, Konrad Zelazowski 13bl, 21cr, 29t, 39b, 71b, 97b

AWL Images: Neil Farrin 24cl, Karol Kozlowski 30-31b, Susanne Kremer 6-7

Digby Bar & Restaurant: 85

Dreamstime.com: Adogslifephoto 76t, Stuart Andrews 49t, Rob Atherton 104b, Bagwold 63tr, Cristian M Balate 23cb, Dmitrijs Bindemanis 13cla, Luis Costa 96, Dimaberkut 66-67b, Elovkoff 74, Sergii Figurnyi 65t, Fotokon 23crb, 47, Gegovicnikola 13cl (8), Golasza 46, Jackmalipan 98, Jiawangkun 42, Joyfull 65b, Ivan Kravtsov 12crb, Meinzahn 16crb, Michalludwicza 15clb, Mikeltrako 15cb, Nataliya Nazarova 82, Neirfy 15bc, Onlyfabrizio 1, 12cra, Poike2017 62-63b, Rosshelen 131t, Saiko3p 16cla, 35tl, Bernadett Pogácsás-Simon 27b, 102-103, Soniabonet 24b, Travelbook 72t, Vidalgophoto 35tr, Yasonya 21b

Fundação Casa da Música: Alexandre Delmar 3

Getty Images: Gonzalo Marroquin / Patrick McMullan 39t, Moment / Alexander Spatari 94-9! Moment / Francesco Riccardo Iacomino 45, Moment / Jeff Schneiderman 104t, Moment / Marco Bottigelli 69

Toda la información de esta Guía Top 10 se comprueba regularmente.
Se han hecho todos los esfuerzos para que esta guía esté lo más actualizada posible a fecha de su publicación. Sin embargo, algunos datos, como números de teléfono, horarios, precios e información práctica, pueden sufrir cambios. Valoramos mucho las opiniones y sugerencias de nuestros lectores. Por favor escriba al correo electrónico: travelguides@dk.com

Las listas Top 10 de esta guía no siguen un orden jerárquico en cuanto a calidad o popularidad. Cualquiera de las 10 opciones, a juicio del editor, tiene el mismo mérito.

De la edición en español
Servicios editoriales Moonbook
Traducción DK
Coordinación editorial Cristina Gómez de las Cortinas
Dirección editorial Elsa Vicente

Impreso y encuadernado en China

Publicado originalmente en
Gran Bretaña en 2020
por Dorling Kindersley Limited
DK, 20 Vauxhall Bridge Road,
London SW1V 2SA, UK

El representante autorizado en el EEE
es Dorling Kindersley Verlag GmbH.
Arnulfstr. 124, 80636 Múnich, Alemania

Copyright 2020, 2025 © Dorling
Kindersley Limited
Parte de Penguin Random House

Título original DK Top 10 Porto
Tercera edición, 2026

ISBN 978-0-241-80686-9

MIXTO
Papel | Apoyando la
silvicultura responsable
FSC™ C018179
www.fsc.org

Este libro se ha fabricado con papel
certificado por el Forest Stewardship
Council™ como parte del compromiso
de DK por un futuro sostenible.
Para más información, visita la página
www.dk.com/uk/
information/sustainability